懂心理才能会说话会做事

杨可以 王　瑜◎编著

中国纺织出版社

内 容 提 要

说话做事是人立足于社会的基本能力，会说话的人受人欢迎，会做事的人更容易达成所愿。怎样才能成为会说话会做事的人呢？这其中少不了心理学的功劳。

本书通过剖析大量的实际案例，告诉读者该如何运用心理学提高说话技巧，提升沟通能力，练就会说话会做事的好本领。本书从心理学角度对在不同情景下如何会说话、会做事进行了详尽解析，让你在社交活动中游刃有余，轻松达成目的。

图书在版编目（CIP）数据

懂心理才能会说话会做事 / 杨可以，王瑜编著.--北京：中国纺织出版社，2017.8（2017.9重印）

ISBN 978-7-5180-3763-6

Ⅰ.①懂… Ⅱ.①杨… ②王… Ⅲ.①心理交往—口才学—通俗读物 Ⅳ.①C912.13-49

中国版本图书馆CIP数据核字（2017）第162316号

责任编辑：闫　星　　　　责任印制：储志伟

中国纺织出版社出版发行

地址：北京市朝阳区百子湾东里A407号楼　邮政编码：100124

销售电话：010—67004422　传真：010—87155801

http：//www.c-textilep.com

E-mail：faxing@c-textilep.com

中国纺织出版社天猫旗舰店

官方微博http://weibo.com/2119887771

三河市延风印装有限公司印刷　各地新华书店经销

2017年8月第1版　2017年9月第2次印刷

开本：710×1000　1/16　印张：14

字数：209千字　定价：29.80元

前言

想要拥有高超的说话技巧，懂点心理学是关键。要知道语言往往是内心情感或者思想意识的一种表达，人们不仅可以通过语言表达自己的内心，也可以通过语言看到他人的内心。懂心理学可以让你更容易掌握说话的本领。

说话和做事，这两者是统一的。会说话的人，做事定然会一帆风顺。懂心理学，会让你做事的能力进一步提高。

做事的手段和心计不是不可告人的阴谋诡计，而是人们为达到成功所采取的正当方法，是做事的一种技巧，也可以说是一种智慧。古今成大事者无不深谙“为人之智”、“做事之道”。做人之难难于从躁动的欲望和情绪中稳定心态，做事之难难于从纷乱的矛盾和利益的交织中理出头绪。只有懂心理学我们才能从内里促进自己、发展自己、成就自己的人生之道。

可以说，本书是一本实用的说话与做事的心理学教程。在本书里，我们将从各个细小的方面来探讨如何通过做事影响他人心理，并教会读者面对不同的人和事物该怎样说话，怎样把话说好、把事做好，使我们在人际交往中变得更加圆融，更加左右逢源。希望每位读者都能够在本书的指导下，将这些技巧亲身运用到实际社交中，令自己在社交场上如鱼得水、日益强大！

编著者

2017年3月

目录

上篇　懂心理才能会说话

下篇　懂心理才能会做事

上篇 懂心理才能会说话

第01章　开口见心，懂心理更能心口结合说出美言

把第一句话说好，轻松打开对方心门

萍水相逢的两个人，要想在短时间内在心灵上碰出火花，达到共鸣，关键的是说好第一句话。第一句话是初次见面时打开对方心扉的金钥匙，也是让素不相识的人一见如故的关键所在。

在交际中，有的人经常用一句话就能抓住对方的心理，让对方对其产生知音般的好感，从而愿意将谈话继续下去。一句话能够让双方倾心和投机，就会开创一个融洽、热烈的交谈局面，并将这种局面从主观意识中愿意维持下去，就能顺理成章地达到沟通和交流的目的。能够拥有这种本领的人，他在朋友中也会有着吸引他人的魅力，他的交际面也会越来越广。

两张陌生的面孔要想短时间内消除心理上的生疏和尴尬，说好第一句话是最关键的。漂亮的第一句话能够给人亲热、友善、贴心的感觉。常见的谈话方式有如下几种。

1.让第一句话拉近双方的距离

三国时期，为了联合抗曹，鲁肃和诸葛亮进行了一次会谈。在两个人见面的时候，鲁肃第一句话就说道："我，子瑜友也。"诸葛亮的哥哥诸葛瑾字子瑜，是孙权帐下的谋士，和鲁肃是好朋友。鲁肃这句话字数不多，却很快拉近了双方的心理距离，让诸葛亮对他产生了信任。鲁肃这种初次见面就攀亲的谈

话方式在生活中是十分常见的方式，它能够很快地在两个陌生人之间搭起一座互相沟通的桥梁，让对方在顷刻之间就产生一见如故的感觉，从而给对方留下深刻的印象。任何一个人都不可能离开人群而独自生活，只要彼此都留意，便不难发现双方存在的那层“亲戚”关系。

比如“你是山东大学1996年毕业的，我是1998年毕业的，你还是我的学长呢”，“原来您也是河北人啊，我老家是承德的，咱们两个算得上是老乡了”，这样的谈话方式也会让对方感到亲切，很自然地把你当成了自家人，接下来就会和你进行深入而愉快地交谈了。

2.对人表示敬仰的谈话能给人贴心的感觉

每个人都希望别人关心自己，当你在和陌生人谈话的时候，能够以对方为中心，以对方的特长和成就为话题，就能够引起对方的兴趣，获得对方的好感。对对方表示敬重和仰慕，是热情有礼貌的表现。当然，用敬仰的方式并不是指一味地奉承和言不由衷，而是要掌握好分寸，做到恰到好处，不能够给人以虚情假意的感觉，说话的内容和方法也要因人因地而异，灵活掌握。例如：“我在画展上看到过您的艺术品，收获很大，没想到今天竟然能在这里目睹您的风采，真是三生有幸啊。”

3.问候式的谈话给人亲切的感觉

交际其实很简单，和陌生人相处更是如此。通过一句简单的问候，表现出自己的热情、涵养和风度，让对方乐意和你进行交谈。

小赵经常坐火车回家探亲，每次探亲十几个小时的旅途总是十分愉快。因为他经常主动和周围的人打招呼交谈，“您好，您也是回家探亲吧？”或者“您好，能不能把您的杂志借我看一下。”这样就与原本陌生的人聊了起来。别人眼里的枯燥路途，却成了小赵结交新朋友的一种方式，在和一些旅客们分手的时候互相留下电话，经常保持联系。

面对陌生人并没有任何值得害怕的地方，可怕的是羞怯和内向的性格导致结交新朋友机会的丧失。只要是能够主动积极地同对方聊天，就能够产生共鸣。有时候我们觉得那些攀亲戚、问候式的话可能是“废话”，但正是这些

“废话”的存在，才能开创一个良好的交谈局面，更容易地拉近彼此间的距离，为建立深厚的友谊而打下良好的基础。初次见面，只要第一句话抓住了对方的心，也就抓住了结交新朋友的一个重要步骤，让它成为人与人之间一见如故的敲门砖。

提高语言表达技巧要有正确的方法

好口才是建立在深厚的学识基础之上的，如果失去了这个基础，那么，要想达到口吐莲花的水平恐怕就是缘木求鱼了。准确地表达、幽默机智地应答和缜密的逻辑思维都离不开头脑中广博的学识。换句话说，任何的妙语连珠只不过是表面性的技巧而已，而个人的内涵才是最重要的东西。如果我们只停留在表面技巧的追求上，未免就显得舍本逐末了。

俗话说，十年培养一个富翁，百年才能够培养出一个贵族。要想成为一个说话的高手并不容易，这需要经过个人长期不懈地努力才能够达成。要想在交际场合中游刃有余，应付自如，就应该从平常的一点一滴做起。

因此，我们不妨从以下几个方面来入手：

1.关注生活，增加生活积累

如果生活在封闭的圈子当中，就会孤陋寡闻，与世界隔绝，也会和周围的人以及环境失去联系。一个没有生活积累的人和别人说话的时候往往会因为所谈话题与社会现实脱节而让人感到枯燥无味，别人对他也失去了兴趣。综上，丰富的生活积累有利于人与人之间的交际，所以我们应该关注生活点滴，找到更多与人交谈的话题。

2.注重阅读，增加知识量

从很大程度上来讲，口才是“满腹经纶”“博古通今”等词的另一种称谓。拥有了丰富的知识，在和别人的谈话中就不会因为无知而自卑，谈吐间就会很自然地引经据典，所表达的内容也会十分高雅。假如胸无点墨，在陌生人面前也好，在老朋友面前也罢，只有闷头静听的份，这样你就无法得到别人的关注。因此，在日常的生活中，你要多注意阅读，注重知识的积累，看一些历史、哲学、文学、政治、美学之类的书，提高个人的修养，让自己达到“腹有诗书气自华”的境界。当你有了充足的知识储备之后，就会有充足的底气站在别人面前进行较高层次的谈论了。

3.紧跟时尚，掌握时代潮流

时尚是一个时期内比较流行的生活方式和文化理念。它以各种物质的形式表现，表达了时下人们的思想认识和价值观念，也体现了绝大部分人的精神需求。假如一个人和时尚脱离，就意味着被时代所抛弃，那么他也无法在交际生活中和别人产生共同的话题。一个不懂时尚的人在和别人的交谈过程中，他所说出的内容会因为缺乏时尚元素而显得乏味，他所受到的欢迎程度也必将大大降低。我们要不想成为被别人冷落的人就要紧跟时尚，比如了解短时间内流行的服装款式、电影类型、前沿杂志、热门话题等。这样就能够走在时代的最前沿，不至于被社会大潮抛在后面。紧跟时尚的生活方式和精神状态，不仅能够让你享受到一个特定时期的文化气息，更能让你在交际场合中不至于处在边缘的位置，同时，为你拥有一个良好的交际圈子打下坚实的基础。

4.关心政治，了解时事

我们处在一个与世界交流越来越频繁的时代里，报刊、电视、互联网传播着世界各地的政治事件和时事新闻。如果连续几天不上网、不看报、不看电视，就会有一种被世界抛弃了的感觉。政治和时事与我们息息相关，如果一个人紧闭房门，两耳不闻窗外事的话，就显得既缺少知识又没有趣味，会遭到别人下意识地排斥和嘲笑。

我们应该知道，流利的表达、缜密的思维、从容的谈吐，其来源是头脑之中日积月累所形成的广博知识。要想提升自己的表达能力，绝不能去追求技巧上的细枝末叶，而是要用知识去武装头脑，提高学识修养。只有从根本上提升了自己，才能够厚积薄发，为自己的谈吐增色。

交谈不要以自己为中心，让对方做主角

人际交往过程中，每个人都想得到别人的信任和欣赏，这种信任和欣赏必须是建立在沟通和交流之上的，也就是说必须要寻找到和别人谈论的话题。话题聊得投机是获得别人好感最好的捷径。谈论的话题范围很广，最应该注意的一点就是不要始终围绕自己展开谈论，而是要看谈话对方的情况，话题适当的要多围绕对方谈论。

乌拉在一家公司当经理的秘书，平时工作业务很强，经理对她的能力很赞赏。可是她在公司的人缘却不是很好，同事都不喜欢和她交流，原因是她总是喜欢说自己的事情，大家听多了也都觉得很厌烦，平时除了工作上的事情交流之外，很少和她交流其他的事情。

前几天，公司新调来了一位女经理，女经理把乌拉叫到办公室，想从乌拉这里了解一些下属员工的工作情况，可是乌拉都是在说关于自己的工作情况和取得的业绩，女经理提醒了她一次，让她谈谈其他员工的工作情况，她对女经理说："其他人的情况我不是很清楚，每次都是他们听我说我自己的工作情况，他们的情况我也没有问过。"女经理说："作为经理秘书，你要比经理更加地了解员工的工作情况，这是你必须完成的最基本的工作，你总是把话题围绕在自己身上，会让别人对你反感，大家不愿意和你交流关于他们自己的事情，别人都不喜欢和你交流，那你的工作要如何更好地完成，在以后的工作里你要多围绕别人的事情作为你们谈论的话题，这样的话有利于你开展工作，也能让你在公司赢得好人缘。"乌拉点了点头。

女经理的话直接点出了乌拉的错误，告诫了她在与别人交谈过程中如果总是围绕自己展开话题的话，不利于完成工作也不会赢得好人缘，想要给别人留下好印象，就要改变自己的谈话话题。

在交际中想要找到和别人谈论的话题，需要主动地了解对方，围绕对方展开彼此之间的话题。心理学家总结出下面这几种心理策略，只要你明白了、学

会了以下几种方法，你便可以轻松地找到和别人交谈的话题，让对方对你充满好感。

第一，问候法。问候法往往需要你自己比较主动。问候法中带有请教、问候等内容。你的问候会让对方感到亲切，对方会有问必答，这样便可以直接从他的答话中寻找到和对方谈论的话题。这种方法一般适用于对长辈或者上司。

第二，了解法。这种方法与问候法相似，但有所不同，适应于平级和对下级、晚辈。多询问他的生活环境和其他情况，对他的工作和生活都有所了解，从了解的情况中寻找与对方之间的话题。

第三，闲聊法。在与朋友之间相聚的过程中，闲聊人生、社会等大家共同关心的话题，从大家的反应中得到大家共同感兴趣的话题。

第四，恭维法。这种方法适应于陌生人之间。知道对方从事的职业，便可以从他的专业、机遇、发展前景等话题入手。人人都爱听好话，对方不会拒绝你的恭维，同时也可以使对方自然而然地谈论自己的事情。从这个角度出发，也会很快地和陌生人轻松沟通。

现代人拥有太多的交际应酬，太多的利益纷争，所以在为人处世中必须要有自己的一套心理策略，让自己在社会中站稳脚，同时得到别人的赏识。话题不要始终围绕自己便是不可缺少的心理策略之一，给予对方说自己事情的机会，激发对方谈论话题的兴趣，倾听对方的谈论，这样才能让彼此友好地交流，自己也会在对方的心里留下好印象。

开口就要表示你对他人的尊重

人们都很重视语言表达在心理和技巧上的训练，多加训练可以让自己放下心理包袱，能够和陌生人愉快的谈话。人们都想使与对方的谈话有意义，有收获，那我们的注意力就应该适时地从自己一方转移到对方身上，努力察觉到对方的优点。就对方最在行的事情提问，可以让对方对你抛出的话题充满兴趣，对你留下好印象，其实这便是和对方可以最快熟络的捷径。

在人际交往中，每个人都希望开始与他人谈话时找到一个快捷的方法来探知他的兴趣和情绪，让自己在对方的心里留下好印象，同时这也有利于自己处理好人际关系。在第一次和对方会面时，要想尽快地和对方友好地交谈起来，必须抓住对方最在行的事情首先提问，打开对方的话匣子，让对方感觉到你能够发现他的专长，和他有共同语言，可以使对方对你倍感亲切。

第一，如果你和对方第一次见面，互相之间很陌生，在不了解对方性格和兴趣爱好的情况下，怎样才能够知道对方最在行的事情呢？心理学家曾经总结过几种方法，这几种方法可以帮你迅速地抓住对方的专长，与陌生人愉快交流。

要懂得判定对方的性格。假设你刚向对方介绍完自己，讲完几句友好的话之后，你停下来给对方介绍自己的机会，而这个时候对方好像并不愿意主动地介绍自己，他的反应是沉默不语。对方的一言不发顿时会让你感觉到自己很无趣，很尴尬，对方把讲话的机会原封不动地抛回给你，倘若这时你因尴尬的局面而不继续引导和了解对方，你就会失去和对方交际的机会。这种情形下，切记不要让他的沉默惹恼了你。其实很多表面安静的人都有足够的知识和能力进行良好的谈话，但在尚未找到开口的好理由之前，他们宁可不说话，这时你必须寻找对方最在行的事情，让对方对你的话题充满兴趣。在这种情况下，我们最好是尽量慢慢地讲话，从对方的态度上观察对方感兴趣的话题，如果你多次的话题让对方开口了，则说明你已经找到了对方在最在行的事情上感兴趣的话题，打开了对方的话匣子。

第二，如果对方是你的同事或者是一般朋友，双方都清楚各自的工作能力和生活爱好，你想要和对方增进感情，最直接的方法便是延长和对方谈话的时间，提高对方和你谈话的热情。假如你实在不知道自己应该如何引导话题，那就从同事工作的能力上寻找话题，如对方比自己的文采好，这便是对方比你在行的事情，你可以夸奖对方的文采也可以和对方探讨一些文学方面的知识，这是对方在行的事情，对方谈论起来也能够得心应手，他在你面前也会拥有成就感，所以对方一定会积极配合你的话题的。对于朋友，可以从平时生活娱乐方面寻找话题，比如大家在唱歌时，朋友唱得很棒，可以夸奖朋友的歌喉，和朋友谈一些唱歌技巧的话题，在这个话题上，相信朋友一定不会拒绝和你长时间谈论的。

世界上有各种性格，各种能力的人，我们会面对形形色色的人群，和各类型的人打交道。谈话是和对方建立友好关系的前提，如果你在平时生活中细心地观察对方最在行的事情，把对方在行的事情归于你和他交谈时的话题，让对方感到愉快，同时自己也会备感轻松，你全神贯注地倾听对方的滔滔不绝，让对方感觉到你对他的尊重，让对方对你另眼相看，当对方不间断地和你谈话时，你便达成了自己的目的。对方已经对你有足够的信任，你就已经在结交新朋友和享受有结果的谈话中的心理策略上迈出一大步了。

真诚并自然地夸奖他人

卡耐基曾说过：“当我们想要改变别人时，为什么不用赞美来代替责备呢？纵然部属只有一点点进步，我们也应该赞美他，因为，那才能激励别人不断地改进自己。”赞美他人，绝对算得上是一件好事，但绝不是一件容易的事。我们在赞美别人的时候，需要审时度势，还需要掌握一些方法，否则，即使你是真诚的，也会将好事变成坏事。

不同的人在赞美别人的时候会用到不同的方法：有的人喜欢使用直接的赞美方式，“你真是太漂亮了”；有的人喜欢使用比较意外的方式，“今天的菜格外美味，你的厨艺越来越好了”；有的人喜欢背着别人赞美他人，等到这话传到了当事人的耳朵里，没想到效果却是出奇地好。如何才能使赞美发挥出应有的效果，如何才能通过赞美来打动他人，这就需要我们在赞美他人时讲究一定的方法，方法对了，赞美的效果就会出来了，那时，你还会担心打动不了人心吗？

小王在与同事聊天的时候，随意说了几句上司的好话：“张经理这个人真不错，处事比较公正，我来公司一年多了，他在各方面对我的帮助都挺大的，能够有这样的上司，真是我的幸运。”没过多久，这几句话就传到张经理的耳朵里，令经理心中既欣慰又感动，就连那位同事在向经理传达这几句话的时候，都忍不住夸赞一番：“小王这人真不错，心胸开阔，难得啊。”

年底分发奖金的时候，小王觉得自己这一年表现很不错，想争取一下。对此，他敲开了张经理的门，经理满脸热情：“小王，有什么事吗？”小王有些不好意思：“张经理，又来麻烦你，真是不好意思，那个年底奖金的时候，我想争取一下，你看我合格不？”张经理笑了起来：“这事啊，好说，我老早就觉得你这小伙子不错，放心，这件事我一定放在心里。”

有时候，在背后说人家的好话，赞美几句的功效比当面说似乎更有效果，小王那看似随意的几句话却是有意策划的，这样自己在张经理心中的形象一下子就提高了，办事自然就容易多了。其实，背后赞美他人比当面恭维的效果好得多，如果当面赞美，有可能会被认为这是拍马屁，同时，对方脸上也会挂不住，会觉得赞美不够真诚。那么，趁着对方不在场的时候，赞美几句，总有一天，这话会传到对方耳朵里，对方心里自然是美滋滋的，这样一来，打动人心的目的也达到了。

有记者曾问史考伯：“你的老板为什么愿意一年付你超过100万的薪金，你到底有什么本事？”史考伯回答说：“我对钢铁懂得并不多，我的最大本事是我能使员工鼓舞起来，而鼓舞员工的最好方法，就是真诚地赞赏和鼓励。”原来，史考伯就是凭着赞美他人，而达到了年薪100万的高薪。不难想象，史考伯先生一定是精通了赞美的方法，否则，怎么能将赞美发挥出那样大的作用呢？

下面，我们就列举几种简单的方法，以供你参考借鉴。

1.出人意料地赞美

赞美来得比较突然，也会令人惊喜。比如，丈夫下班回家后，见妻子已经摆好了饭菜，不妨称赞妻子几句，妻子本来看似应该的行为，却受到了丈夫的赞美，作为妻子来说，心情是愉悦的。而且，在生活中，如果你赞美的内容出乎意料，也会打动对方的。

2.直接的赞美方法

在生活中，我们常见的赞美方法就是直接赞美。比如下属与上司、老师对学生、长辈对晚辈等。这样直接的赞美方法比较及时、直接，能够很好地鼓舞他人。如果你发现了对方身上有什么特点，不妨直接告诉他“你最近工作业绩不错，快破了上个月的销售记录了，继续努力”。

3.夸张的赞美方法

夸张的赞美方法又称为激情的赞美方法，拿破仑曾这样赞美他的妻子：“从来没有哪个女人像你这样使我受到如此忠贞、如此火热、如此情意缠绵的爱。”在这里，赞美可以使你获得爱情，同时，还可以缓和矛盾。那些无法掩饰的赞美之情，使得我们的另一半十分地受用和满足。

4.间接的赞美方法

有直接的赞美方法，就有间接的赞美方法。在日常生活中，如果我们想赞美一个人，不便当面说出或没有适当的机会向他说出的时候，你可以在他的朋友或家人面前，适当地赞美一番，而且，这种赞美收到的效果将会更好。比如，当着下属的面赞美另一位员工“我觉得小王挺不错的，工作很认真，踏实能干，我很欣赏他。”等到这些话传到了员工耳朵里，他肯定会加倍努力工作来表达内心的感激。

第02章　妙语寒暄，懂心理让你的寒暄更能投其所好

说好客套“场面话”，做一个知理懂礼的人

你是否有过这样的经验，当你偶然进入一个陌生的地方，那里有你熟悉和不熟悉的朋友，他们看见你来了，立即起身用几句客套话对你表示欢迎，然后请你坐下来寒暄几句。这样一来，双方的感觉都会不错，感情自然也会更进一步。“场面话”是交谈的润滑剂，它能在陌生人之间架起友谊的桥梁。由于两人初次见面，对彼此都不太了解，往往陷入无话可说的尴尬场面。这时我们不妨以一些“场面话”为开头，比如：“天气似乎热了点！”或者“最近忙些什么呢？”等等。虽然这些“场面话”大部分并不重要，然而，正是这些话才使初次见面者免于尴尬的沉默。而同时，最为重要的是，会不会说“场面话”是一个人懂不懂礼数的重要表现。从心理学的角度看，人们都喜欢与知晓礼数的人交谈。为此，说好客套场面话，是敲开陌生人心理大门的一个重要方面。

在古典名著《红楼梦》中，就有许多经典的场面话。在《刘姥姥进大观园》一回中，刘姥姥找到周瑞的娘子时，两人就用了许多场面话来进行寒暄。

周瑞娘子迎出来问：“是哪位？”刘姥姥忙迎上来问道：“好呀，周嫂子！”周瑞娘子认了半天，方笑道：“刘姥姥，你好呀！你说说才几年呀，我就忘了。请家里来坐罢。”刘姥姥边走边笑道：“你老是贵人多忘事，哪里还记得我们呢。”来至房中，周瑞娘子命小丫头倒上茶来吃，在问些别后闲话

后，又问姥姥："今日是路过，还是特来的？"刘姥姥便说："原是特来瞧瞧嫂子你，二则也请请姑太太的安。若可以领我见一见更好，若不能，便借嫂子转达致意罢了。"

在这段对话中，刘姥姥与周瑞娘子说的大部分都是场面话。刘姥姥通过一番场面话，让周瑞娘子觉得，刘姥姥虽然是个出身寒酸的人，但还是很懂礼数的。而同时，刘姥姥也化解了自己寒酸的身份，之后双方再聊起正题就显得亲切许多，自然，周瑞娘子也会给刘姥姥一个见主子的机会。一些本来不好开口的话，经过场面话的客套之后，听起来就舒服多了。因此，在交际过程中，一定要重视场面话的作用，特别是当你与陌生的人或不熟悉的人交往时，场面话无疑是打破距离障碍的第一把钥匙。

在交际过程中，经常使用客套话、场面话和寒暄语，可以消除陌生心理，促成彼此间的良好交往。正如培根说过的："得体的客套和美好的仪容，都是交际艺术中不可缺少的。"所以，会交际的人应当像司机精通交规一样，熟悉和掌握好各种客套话。

一般来说，"场面话"有以下几种：

1.当面称赞人的话

诸如称赞小孩子可爱聪明，称赞女士的衣服大方漂亮，称赞某人教子有方……这种场面话所说的有的是实情，有的则与事实有相当的差距，说起来虽然"恶心"，但只要不太离谱，听的人十之八九都感到高兴，而且旁人越多他越高兴。因为事实上，每个人都愿意听赞美的话，尤其是公开化赞美的话，对方接受起来也更乐意。

2.当面答应人的话

和陌生人交往，如果对方希望你帮什么忙，即使你不能帮忙，也不能当面拒绝。因为场面会很难堪，而且会马上得罪人。你可以说这样一些场面话，诸如"我全力帮忙""有什么问题尽管来找我"等。给足对方面子，不至于让他下不来台，他也会觉得你是个顾全大局的人。

另外，我们要记住一些特定场合下有针对性的客套话。比如在打扰别人或者给对方添麻烦时，要真诚地说一声“对不起”“不好意思”，一旦没有了这句话，对方可能很长时间还对此事耿耿于怀；在求人办事后，要真诚地说声“谢谢”“拜托您了”，如果没有这句客套，对方会认为你求人的态度不够真诚或者认为你不懂礼节，对你的印象大打折扣；在作报告或者讲话时，可以先这样客套一下：“我的讲话水平不高，讲得不好，还请大家见谅”“如果讲得不好，还望大家多多指正”……这类客套话表面上看似随口而出，实际上确实起到了表现自身涵养的作用。

下面是一些特定场合的客套话：

①初次见面说“久仰”，再别重逢说“久违”。

②等候客人说“恭候”，客人到来说“光临”。

③未及欢迎说“失迎”，起身作别说“告辞”。

④看望他人说“拜访”，请人勿送说“留步”。

⑤陪伴朋友说“奉陪”，中途告辞说“失陪”。

⑥求人帮忙说“劳驾”，求人方便说“借光”。

⑦请人解答说“请教”，盼人指点说“赐教”。

⑧麻烦别人说“打扰”，请人办事说“拜托”。

⑨向人祝贺说“恭喜”，赞赏他人说“高见”。

会说场面话的人，都是交际场中的老手，即使是陌生场合，不论遇到多大身份的人也不会冷场。可见，场面话就像一把打开话匣子的钥匙，它可以帮助你和陌生人顺利地谈话。因此，在与陌生人说话的时候，我们需要掌握一些“场面话”的说法，因为它能轻松让对方为我们打开心门！

制造惺惺相惜的感觉，交谈更容易

同理心是指在人际交往中，能够体会对方的情绪和想法，理解对方的立场和感受，并站在对方的角度思考和处理问题的能力。换句话说，同理心就是站在对方立场思考的一种方式。在既定已经发生的事情中，把自己当成对方，想象自己是由于何种心理导致了这样的行为，最后触发了整件事情。在整个心理过程中，由于自己先接纳了这种心理，所以也就接纳了对方的这种心理，最后谅解了这种行为和事情的发生。这与古人所说的“己所不欲，勿施于人”如出一辙。在人与人之间的沟通过程中，“同理心”始终扮演着重要的角色。利用同理心说话，就是我们站在对方的角度，同情、理解、关心对方，接受对方的内在需求，并感同身受地予以满足。利用同理心说话，可以从对方言语的细微处体察对方的心理需求，从而通过语言表达出“惺惺相惜”的感觉，最终影响其心理。

保险员李小姐一进门便开门见山说明来意：“王先生，我这次是特地来请您和太太及孩子投人寿保险的。”可是，王先生却异常反感地说：“保险是骗人的勾当！”李小姐并没有生气，微笑着问道：“噢，这还是第一次听说，您能给我说说吗？”王先生说：“假如我和太太投保三千元，这三千元现在可买一部兼容电脑，二十年后再领回的三千元，恐怕连电视机都买不到了。”小姐又好奇地问：“这是为什么呢？”王先生很快地回答：“一旦通货膨胀，物价上涨，就会造成货币贬值，钱就不经花了。”通过这样的问话，小姐对王先生内心的忧虑已基本了解。

李小姐首先维护王先生的立场：“您的见解有一定的道理。假如物价急剧上涨二十年，三千元不要说黑白电视机都买不了，怕只够买两棵葱了。”李先生听到这里，心里很高兴，但接着精明的李小姐又给他解释了这几年物价改革的必要性及影响当前物价的各因素，进一步分析我国政府绝对不会允许旧社会那样的通货膨胀的事情发生的道理，并指出以王先生的才能和实力，收入可望大幅度增加。说也奇怪，经李小姐这么一说，王先生开始面带笑容，相谈甚欢，当然，李小姐最终获得了成功。

李小姐成功的秘诀就在于利用同理心说话，站在对方的立场来思考，设身处地，洞悉对方的心理需求，再进行引导，影响对方心理，最终说服了王先生。由此可见，灵活地运用同理心说话能够有效地影响对方心理，站在对方的角度思考问题，与对方实现内心的对话，最终达到操纵其心理的目的。

卡耐基租用了某旅馆大礼堂讲课。一天，他突然接到通知，租金要提高3倍。卡耐基前去与经理交涉。他说："我接到通知，有点震惊，不过这不怪你。如果我是你，我也会这么做。因为你是旅馆的经理，你的职责是使旅馆尽可能赢利。"紧接着，卡耐基为他算了一笔账，"将礼堂用于办舞会、晚会，当然会获大利。但你撵走了我，也等于撵走了成千上万有文化的中层管理人员，而他们光顾贵旅社，是你花再多的钱也买不到的活广告。那么，哪样更有利呢？"经理被他说服了。

卡耐基所使用的口才心理策略"如果我是你，我也会这么做"，其实就是"同理心"。当他站在经理的角度时，经理心中已经降低了防备心理，然后，卡耐基抓住了经理的兴奋点，使经理心甘情愿地把情感的天平倾向了卡耐基这边。

那么，如何利用同理心说话，与对方惺惺相惜呢？

1. "你的话有一定的道理……"

当对方表露出与自己全然不同的想法时，你应该以同理心说话"你的话有一定的道理……"并通过语言分析强化对方想法的正确性，站在对方的角度，再进行积极引导，通过同理心产生的作用影响其心理，达到操控其心理的目的。

2. "如果我是你，我也会这样做"

汽车大王福特说："假如有什么成功秘诀的话，就是设身处地替别人着想，了解别人的态度和观点。"于是，当对方说出了自己的决定时，我们应该强调对方这种做法的合情合理性，了解对方的心理矛盾，以感同身受影响其心理，再巧妙地说服对方。

3. "咱们都是一家人……"

当你仔细观察对方身上所具备的特征之后，你会发现在你们之间其实也有许多相同点，而我们需要的就是传递出"咱们都是一家人……"这样的信息，通过同理心来影响对方。比如“张先生，我也姓张，咱们五百年前可是一家人啊”“王姐，您也是东北人啊，真是太巧了，我也是东北的”。

4.“同是天涯沦落人”

相同的经历会有相同的感受，相同的感受自然会惺惺相惜，我们要巧妙地利用同理心说话，比如“你以前在广东工作过？我早些年也在广州工作过”“李姐，咱们做女人真的是不容易啊，既要照顾家庭，又要照顾孩子，生活压力真大啊”，以此来影响其心理，达到说服对方的目的。

不经意的赞美之言，让对方悦耳舒心

在社交活动中我们常常会与陌生人打交道，最易接近陌生人的方式就是赞美。学会赞美陌生人，有助于与陌生人缩短距离，以达到交往的目的，提高交往的效果。因为，从心理学的角度来说，在这大千世界中，每个人都很渴望别人的赞美。人的一生中，需要自我定位、自我欣赏、自我发现，更需要他人的肯定、鼓励和真诚的赞美。陌生人也是如此，如果能在初次见面中就能说出令对方悦耳的赞美之言，必定能让对方打开心扉。

心理学家威廉·杰尔士也说：“人性最深切的需求就是渴望他人的欣赏。”也正是因为这样，赞美具有一种不可思议的推动力量。对一个人真诚地赞美，正如沙漠中的甘泉一样让人的心灵受到滋润。而当你赞美他人的时候，别人也就会在乎你存在的价值。与陌生人之间，关系就会更进一步，双方的关系也会融洽起来。

1921年，查尔斯·史考伯担任美国钢铁公司的第一任总裁时，钢铁大王卡内基给了他100万美元的年薪。对此，史考伯说，他得到这么多的薪水，主要是因为他跟别人相处的本领。“我认为，我那能把员工鼓舞起来的能力，是我拥有的最大资产，而使一个人发挥最大能力的方法，就是赞赏和鼓励。”他还说，“再没有比上司的批评更能抹杀一个人的雄心了。我从来不批评任何人。我赞成鼓励别人工作，因此我急于称赞，讨厌挑错。如果我喜欢什么的话，就是我诚于嘉许，宽于称道。”

这句非常经典的话道出了查尔斯·史考伯乐于赞美员工的最佳体现。古人云：“好话一句三冬暖，恶语一句六月寒。”我们都知道，和陌生人说话，说好话跟说坏话的结果一定是不相同的。为什么有的人不放弃说坏话而去说赞美的话呢？这并不是因为他们不愿意赞美，而是因为他们还没有掌握赞美这门艺术。

赞美别人尤其是赞美陌生人并不是盲目的。那么，究竟怎样才能较好地把握赞美陌生人的艺术呢？

1.在赞美陌生人之前，要对所赞美的对象有初步的了解

古人云：言为心声。首先要观察对方的举止，倾听对方的言谈。根据其口音，判断对方是南方人还是北方人、家乡是哪里的等；通过其言谈，可以透露其职业的蛛丝马迹，每个人的言谈举止都会带有职业的特点；观其色，通过其表情可以观知其好恶，对什么较感兴趣。了解了这些，你对陌生人赞美就不会毫无边际，而会通过自己的赞美引起对方的注意，激发其兴趣，达到你要赞美对方的目标。比如，“看您的穿着这么得体，一定是服装方面的行家里手，这件事我想听听您的高见。”这句话能使对方对你产生好感，觉得你很有礼貌。

2.真诚地赞美

无论是赞美熟人还是陌生人，真诚都是第一条原则。虚伪和做作是苍白无力的，惟有真诚地赞美才会春风拂面。虚情假意的赞美，往往被人认为是讽刺挖苦或者是溜须拍马，会让人感到恶心，被他人鄙视。俗话说：“心诚则灵。”要赞美陌生人，首先自己要做个有心人、细心人和热心人，了解被赞美对象的思想、生活、工作、学习情况，发现他们每一个细小的优点或长处，并进行及时地赞美，切忌虚情假意。

真诚地赞美来自内心深处，是心灵的感应，是对被赞美者的羡慕和钦佩，能使对方受到感染、发出共鸣。

3.及时赞美

很多人做了好事或者获得了成功，都很想得到赞美，但是世界上任何事物无不以时间、地点、条件为转移。很多事情，只要时过境迁，就没有办法再追回了。所以，请记住，和陌生人说话，如果你突然发现了一些别人身上的优点，那么就不要再犹豫了，也不要羞怯，请立刻告诉他。这个是最能赢得别人好感的方法。

4.赞美有度

赞美陌生人也要掌握一定的原则，要保持恰当的距离，因为陌生人之间互不了解，有很多职业具有不同程度的保密性，所以称赞时，不要像对老朋友那样随意，否则，会引起对方的反感。

赞美时不要口无遮拦，要把握赞美的尺度，这样才能做到恰如其分。赞美不到位或者言过其词都会产生相反的效果。

总之，在与陌生人交谈时，要把握好着眼点和契机，这时的赞美不可太具体、详细，内容要宽泛，要显得热情真诚，不要做作。究竟如何赞美，还要具体情况具体分析，若只是生搬硬套，不看对象只会造成事与愿违。只有这样，才能使你的赞美成为敲门砖，才能操纵对方的心理，与其迅速拉近距离，增进感情。

谨言慎行，不用语言的刀子伤人

中国有句古话叫做“说者无心，听者有意”，你明明只是无心地说了一句话，却“有意”地伤害到了别人。轻则引起对方的反感，重则给自己引来灾祸。可见，说话是要注意分寸的。尤其是与陌生人说话，因为彼此不了解，如果不谨言慎行，很容易让对方产生不快的情绪。而从另一个角度说，与人说话，尤其是与陌生人说话，是要讲究水平的。让对方觉得你是得体的人，才会让对方从心底产生继续与你交往的意愿。《史记》记载了这样一个故事：

平原君赵胜的邻居是个瘸子。一天，平原君的小妾，在临街的楼上，见到瘸子一瘸一拐地在井台上打水，大声讥笑了一番。这位身残志坚的仁兄心生不忿，于是找到赵胜反映这一情况，要求赵胜杀了这个小妾。见赵胜犹豫，此兄劝说道："大家都认为平原君尊重士子而鄙贱女色，所以，士子们都不远千里来投奔您。我不过是有些残疾，却无端遭到你的小妾的讽刺、讥笑。所谓士可杀而不可辱，请你为我做主。否则旁人会认为您爱色而贱士，从而离开您。"平原君这才恍然醒悟，终于毅然斩了这个说话没有分寸的小妾，登门向他道歉。

故事里的小妾就是因为说话没有分寸才引来灾祸。历史上因一言不慎引来杀身之祸的人多不胜举，可见注意说话的分寸是件多么重要的事情。当然，我们与人交际，不注意说话的分寸不至于有如此严重的后果，但我们要想赢得陌生人的好感，成功操纵陌生人的心理，必须过好这一关。

通过上面的故事，我们可以得知，如果你想在社交场合中成为一个受欢迎的人，就必须时刻提醒自己不要犯无心伤人的错误。而要做到这一点，你应该知道以下两点：

1.谈话的禁忌

我们要想在陌生人心里建立起良好的口碑，赢得好人缘，就必须知道下面几个谈话的禁忌，从而在谈话中避开这些暗礁：

①别把自己隐私拿出来大谈特谈。虽然说在与人交往时，适当的自我暴露可以拉近与对方的距离，但你的话题一直围绕着自己的隐私，就会引起对方反感，觉得你是一个没有分寸的人。

②不要询问别人的隐私。要记住："男不问收入，女不问年龄"是交往过程中的大忌讳。在和陌生人谈话时问起这些问题是无知和没分寸的表现。

③别总盯着别人的健康状况。有严重疾病的人，如癌症、肝炎等，他们通常不希望自己成为谈话的焦点对象。不要做个大嘴巴，对初次见面的人说："听别人说，您一直在治疗肝病，是吗？"这样你会成为对方最想痛揍的人。

④让争议性的话题消失。除非你很清楚对方立场，否则应避免谈到具有争论性的敏感话题，如宗教、政治、党派等可能会引起双方抬杠或对立僵持的情况。

⑤不要随便评价别人。如果你实在忍不住要谈论谣言，去找你最贴心的朋友，不要拉着一个陌生人听你絮叨他完全不感兴趣的东西。没有人愿意第二次与一个造谣生事的人交往。

以上列出的忌讳，完全值得你重视，哪怕只是偶尔犯这样的错误，对方也会以为你是个没有分寸的人。那么，我们又该怎样注意与陌生人说话的分寸呢？

2.掌握说话的分寸

要让说话不失分寸，除了提高自己的文化素养和思想修养外，还必须注意以下几点：

①维护别人的自尊心。每个人都是有自尊的。那些有某些显而易见的缺陷的人，自尊心反而会更强烈。所以，说话时，一定要留意对方的敏感点，比如对方身材矮小，你就最好不要在谈话中提起身高的问题等。你避开这个话题，会让对方觉得你是个识大体的人，进而对你多了一份尊重。

②客观才能得人心。这里说的客观，就是尊重事实，实事求是地反映客观实际，应视场合、对象，注意表达方式。没有人喜欢与那些首次交往就主观臆断，信口开河的人交往。

③不要让自己过于兴奋。与陌生人说话，我们提倡的待人接物方式以热情温和为佳，态度保持宠辱不惊，切勿太过兴奋，以至于口不择言，伤害他人。

④注意语言的地域差异。不同地域存在不同的文化差异，在某些人看来是很平常的说话方式却很可能会影响到对方的情绪。因此，我们与陌生人说话的时候，最好仔细思量，用普通话和对方交流。

⑤善意很重要。所谓善意，也就是与人为善。说话的目的，就是要让对方了解自己的思想和感情。俗话说：好话一句三冬暖，恶语伤人六月寒。在人际交往中，如果把握好这个分寸，那么，你也就掌握了礼貌说话的真谛。

会说话，说好话，也是一门艺术。与陌生人说话，我们说的每一句话，都会给对方带来心理反应，反应效果如何就要靠自己把握。掌握好语言的分寸，你和对方的交往将会保持和谐愉快，有助于感情的升温。

言多难免语失，巧妙挽回局面

在日常交际中，无论是凡人还是名人，都免不了随时发生一些言语失误。虽然，这其中的原因各有不同，但失言造成的后果却是极为相似的，有时会贻笑大方，有时会纠纷四起，有时甚至不堪收场。当然，失言虽不是有心的过错，却是交际失误，那么，失言后该怎么办呢？千万不要觉得话既已经说出去了，就这样，不补救，不承认错误，这是极为错误的方法。失言后，我们应该谨慎、坦然地面对，虽是无心之过，但也要诚恳地承认自己的错误，以求得他人的认同。然后，再寻思一些方法进行补救，挽回失言带来的局面，这样才能最大限度地降低失言带来的严重后果。

有一次，纪晓岚光着膀子与几个人在军机处聊天，正巧乾隆带着几个随从突然到访，其他人一见皇帝来了，连忙上前接驾，躲在后面的纪晓岚心想：如果自己就这样光着膀子接驾，岂不是亵渎了万岁？可能，皇帝并没有发现自己，还是先躲一下为好。于是，急忙之下，纪晓岚钻到了桌子底下藏了起来，其实，这一举动被乾隆看在眼里，他故意装作没看见，却在椅子上坐了下来。

纪晓岚在桌子底下缩成一团，大汗淋漓，却不敢出声，过去了很长时间，他没听见乾隆说话的声音，以为他走了，就问身边的同僚：“老头子走了没有？”这话被乾隆听见了，他厉声问道：“纪晓岚，你见驾不接，我且不怪罪于你，你叫我‘老头子’是什么意思？你要一个字、一个字地给我说清楚，否则，别怪我无情！”纪晓岚吓得半死，连称：“死罪！死罪！”接着，慢慢解释道：“万岁不要动怒，奴才所以称您为‘老头子’，的确是出于对您的尊敬。先说‘老’字，‘万寿无疆’称‘老’，我主是当今有道明君，天下臣民皆呼‘万岁’，故此称您为‘老’。”

乾隆听了，点点头，纪晓岚继续说道：“‘顶天立地’称为‘头’，我主是当今伟大人物，是天下万民之首，‘首’者，‘头’也，故此称您为‘头’。至于‘子’字嘛，意义更明显。我主乃紫微星下界，紫微星，天之子也，因此天下臣民都称您为天‘子’。”乾隆听后笑了，这事就这样过去了。

对皇帝失言，这可是大事，弄得不好是要掉脑袋的，知道自己失言后，纪晓岚却不慌不忙，慢慢解释，补救自己的失言，在整个回答过程中，他言辞诚恳，态度谦逊，而且，又以灵敏的应变能力巧妙地圆场，这些都获得了乾隆皇帝的认同。

失言本是一时之过，却往往能一失足成千古恨。因此，在日常生活中，一旦自己失言了，即使你没有想到补救的办法，但是，只要你能承认自己的过失，诚恳地道歉，想必也能赢得他人的原谅。有的人在失言后不仅不追悔自己的过失，反而为自己辩解，这样就让人讨厌了，而你的言行也得不到对方的认同。

司马昭与阮籍正在上早朝，忽然有侍者前来报告：“有人杀死了你的母亲！”放荡不羁的阮籍不假思索便说：“杀父亲也就罢了，怎么能杀母亲呢？”此言一出，满朝文武大哗，认为他“有悖孝道”。阮籍也意识到自己言语的失误，忙解释说：“我的意思是说，禽兽才知其母而不知其父。杀父就如同杀禽兽一般，杀母呢？就连禽兽也不如了。”一席话，竟使众人无可辩驳，而阮籍也避免了杀身之祸。

在意识到自己失言后，阮籍及时补救了自己的言语失误，借题发挥，巧妙地平息了众怒。采取一定的补救措施或者矫正之术，去避免言语失误带来的难堪局面，这是失言后首要做的工作，如此，也才能获得他人的认同。

1.坦率道歉

如果因为自己无心之说，而伤害了对方，或者造成了尴尬的局面，我们应该坦率地道歉，补救失误，我们可以说：“说那样的话我深感遗憾，我愿意向你道歉。”以一份坦率的胸襟来面对自己的过失，以诚恳的态度赢得他人的认同。

2.及时补救

失足了可以再站起来，失蹄了可以重新振作，而我们失言后依然可以用语言进行弥补，只要我们懂得随机应变，就能弥补自己语言的过失。比如，将错话加在他人头上“这是某些人的观点，我认为正确的说法应该是……”。又或者，将错就错，干脆重复肯定，然后巧妙地改变错话的含义，将本来的错误变成正确的说法。

第03章 巧言赞美，懂心理让你的赞美更恰当好处

赞美，人际交往中最能打动人心的语言

任何一个人都希望被他人关注和赞美，都希望自己的劳动得到社会的认可，得到别人的理解和尊重。当你用真诚的语言赞美对方的时候，他会认为你是一个信任并了解他的人，自然就拉近了你们之间的距离，他所回报你的，便是同样的肯定与信任，这种做法散发出你与他之间相互的热情、友谊和温暖。这样，无形中你就赢得了一个朋友，事业上最没有风险的就是情感投资，因为“投桃”必然会“报李”。所以，我们可以说，赞美是人际交往中最能打动人心的语言，接下来我们要说的一个故事可以说明这一点：

在一个南方小镇上，有一个叫晓梅的女孩，她嫁给了一个父母双亡的人。出嫁之后，晓梅跟丈夫以及丈夫唯一的妹妹住在一起。但是，婚后只过了极短的时间，晓梅就发现她根本无法与小姑子和睦地相处。她们俩无论在哪一方面都没有共同话题，而且，晓梅最不能忍受的就是小姑子的坏习惯。

就这样，日子一天一天地过去，可是晓梅和小姑子之间并没有因为相处时间长而增进情感，她们天天吵闹和争斗。慢慢地，愤怒和不快积压在彼此的心中，晓梅可怜的丈夫夹在当中，也左右为难，痛苦不堪。而最终，晓梅实在忍受不了小姑子了，她决定自救，给小姑子一点颜色看看。

晓梅的父亲有位朋友，是个很出名的老中医，姓黄，晓梅见到他以后，

把自己在家中的遭遇向黄先生说明，希望黄先生可以帮忙，并问他是否可以给她一些毒药，这样她就能一了百了，把所有的问题都解决掉。黄先生想了一会儿，最后说："我可以帮你解决问题，但你必须听我的话，按照我讲的去做，不然只能失败。"黄先生进了里屋，几分钟过后他从里面出来，拿着一包草药。他告诉晓梅："你不能用见效快的'毒药'除掉你的妹妹，因为那样会让别人对你产生怀疑，因为你素来和你妹妹之间的感情不好，这些邻居们都知道。因此，我给你的几种中药是慢性的，毒性将会在你妹妹的体内慢慢蔓延。你可以每天做一些很好吃的，然后再放少量的'毒药'在她的菜里面。还有，为了让别人在她死的时候不至于怀疑你，你必须对她言听计从，最重要地是要每天赞扬她，让她感觉到你的友好。"晓梅想，只要能除掉小姑子，什么都愿意，她就高兴地答应下来了。她谢过黄先生，急急赶回家，开始实施她谋杀妹妹的计划。

日子还是一天天的过，几个月已经慢慢的过去了，每一天，晓梅除了精心烹制有"毒药"的饭菜给小姑子吃，她还控制自己的脾气，每天说赞美的话给小姑子听。

晓梅将自己的情绪控制得好，不会像以前那样被小姑子的言行气得发疯。半年里她没有跟小姑子发生过一次争执，小姑子在她的眼中，也比以前和善得多，容易相处得多了。而小姑子对晓梅的态度也改变了，她不住地向邻里街坊和亲戚朋友夸晓梅，说她以前看错自己的嫂子了。整个家的气氛变得友善多了。看到这一切，晓梅的丈夫由衷地高兴。晓梅也发现当初自己做错了。幸好，晓梅问明一切后，她方明白原来那不是毒药。小姑子在晓梅家住了几年，后来嫁给了一个富商，出嫁后的小姑子给了晓梅一大笔钱，晓梅和丈夫风风火火地干起了自己的事业。

这则故事中，晓梅刚开始时对小姑子的赞美虽说不是真诚的，但也起到了作用，慢慢地，她的赞美开始改变了她和小姑子之间的关系，这成为他们之间新关系的开始，这才有了后来小姑子资助她创业的事。

其实，在我们的生活中，每个人都希望自己被赞美和肯定，而对自身价值肯定的这一信息，必须从他人的眼里才能读得到，他人的肯定与赞美在某一种意义上就是恭维，恰当地恭维是每个人都需要的：在工作中，如果你得到同事的恭维，你会更加努力地工作；当你心情不快、感到生活无意义时，如果你受到恭维，你会感到生活的美好；回到家，如果你能感受到家人的恭维，你也能尽享天伦之乐的惬意……

所以，在处理人情关系的时候，我们要学会赞美别人，真诚地赞美，是你送给别人的玫瑰花，在赠予别人的同时，留给自己一缕清香，使你活得更潇洒、自在而充实，而最重要的是，你争取到了别人的友谊，赢得了好的人际关系，这是一种绝对零风险的情感投资，你的成功之路因为有这些人情而走得更加顺利！

抓住对方特点的赞美才能与众不同

关于赞美的力量我们早已毋庸置疑。那么，何为赞美？一般而言，赞美是人们对美好事物、美好行为的褒扬性的评价。美国著名心理学家威廉·詹姆斯曾说过：“人类本性上最深的企图之一是期望被赞美、钦佩、尊重。”我们可以毫不夸张地说，希望得到尊重和赞美，是人们内心深处的一种渴望。事实上，任何人心中都有这样的渴望，这从某种程度上说，赞美可以激发人的自豪感和优越感，并营造出美好的心情。

然而，我们若希望赞美达到成效，所说出来的赞美之言就绝不能是空泛的，而是需要抓住特点，有一定的针对性，换句话说，赞美更需要不落俗套。

举个很简单的例子，如果你要赞美的是位美丽的女士，那么，你若仅仅以一句“您很漂亮”这样的话来赞美，未免显得有点单薄，丝毫没有创意。因为只要是眼睛能看见的人都会看到她很漂亮，也正因为这样，大多数对她的赞美都是“您很漂亮”，这样的话听得多了，就营造不出什么好的心情。这时如果你还是如此俗套地赞美，对方内心并不会那样的喜悦，可以说，你的赞美并没有实现目的。

我们先来看下面这样一则幽默故事：

王先生是一位出口贸易商，生意一直做得不错。一天，王先生带着他的夫人以及一位翻译接见了一位外国客商，外商见到夫人后，便夸赞道："你的夫人真是太漂亮了！"王先生客气地说："哪里，哪里。"翻译听到这话，心想可碰到难题了，这"哪里、哪里"怎么翻译呢，最后，他翻译成了："Where，Where？"外商听了，心中感到疑惑，心想，说你夫人漂亮就是漂亮呗，还非要问具体漂亮在哪里？于是，外商笑着回答说："你的夫人眼睛漂亮，身材好，气质好……"说完，大家都哈哈大笑了起来。

这个有趣的故事告诉我们，在赞美他人的时候，也一定要在自己的内心多问问要赞美的点到底在"哪里"，对方的优点在"哪里"，对方"漂亮"在哪里，等，这样一来，你的赞美由于有了针对性而成功地打动对方，甚至，有可能会产生神奇的效果。我们要明白，当我们赞美对方"真好""真漂亮"的时候，他内心深处就立即会有一种心理期待，很想听听下文，到底"好在哪里""漂亮在哪里"，这时，如果没有针对性的表述，对方不但会很失望，还会对你的赞美产生质疑，甚至觉得你另有所图。

办公室里有个嘴巴很甜的姑娘小杨，她既漂亮又聪明，当然，最让大家喜欢的还是她总是能变着法儿说出让大家开心的赞美之言。

小杨的直属上司是一位从国外回来的海归女，平时很喜欢打扮，又很会搭配衣服，稍微一动手，就能变换出许多新衣服。有时候，看到领导不错的打扮，小杨则会说："你的穿着好有品味哦！""品味"二字一下子就提升了档次，既不是漂亮，也不是新潮，而是品味，也难怪女上司听了，笑容更友好了。

如果是同样一身衣服，但女上司只是加了一条围巾，或增加了一条项链。小杨也会甜甜地夸上一句"项链不错哦，很精致""围巾好有风格，很洋气"。她总是能将那些好的东西说得更好，赞美角度新颖而不落俗套，也因为这样，她与女上司之间的关系越来越密切。

可见，我们要赞美他人，就一定要把话说得新颖、独到。因为如果你用一些比较俗套的话语来赞美的话，那么，他必定经常听到，而那些赞美通常是针对他最显著、最突出的特点。对他而言已经听到过很多的赞美，甚至已经成为习惯了，因此，他更希望听到一些与众不同的赞美，这样赞美的效果才能发挥到极致。

巴尔扎克说：“第一个形容女人为花的人，是聪明人；第二个这样形容的人，就一般了；第三个再将女人比喻为花的人，纯粹是笨蛋。”这段话给我们一些启示：赞美是需要智慧和技巧的，而不是跟在别人后面，鹦鹉学舌，这样只会落入俗套，缺乏新颖感。我们赞美他人，需要挖掘出其身上不同的闪光点，从独特的视角去赞美，这样才会给对方留下深刻的印象。

赞美他人被忽视的优点，迅速赢得人心

鼓励和赞美他人，是我们在日常沟通中常常碰到的情况。要建立良好的人际关系，恰当地赞美别人是必不可少的。这是人们的一种心理需要，更是对他人尊敬的一种表现。恰当地赞美别人，会给人以舒适感，同时也会改善我们的人际关系。但我们所说的赞美绝不是毫无章法的。沟通中，如果你总是在赞美很多人都提及的优点，别人听的多了，引不起别人的兴趣，这时候不妨赞美别人忽视的优点，会达到意想不到的效果。比如：很多人都在赞美某个明星戏演得好、歌唱得好，殊不知，其实他很擅长踢足球，此时，如果你能一反常态，赞美他的球踢得好，势必会引起关注。

的确，每个人其实都希望他人能看到自己某方面的优点，都希望自己的价值被认可，尤其是那些被他人忽视的优点，一旦被你发现和指出来，对方势必大为感动。

陈婷婷是一家大公司的小主管，负责采购的一些小事宜，有一次，公司采购部的车出了问题，而刚好总经理专用车司机刘师傅的轿车停在附近，出于方便，刘师傅准备载她一程，于是她第一次坐刘师傅开的轿车。当时正值上下班高峰时间，路上交通拥堵，而陈婷婷还赶时间，刘师傅也着急的不得了。于是，刘师傅准备选择一条近道出发，只见刘师傅几个简单的动作就从拥挤的车流中穿过去了，陈婷婷见状，很感慨地说："刘师傅，这是我头一次看到这样的情况，您的驾驶技术真是不一般，怪不得经理聘用您十多年了。"想不到这句衷心的赞美之言，使刘师傅非常高兴。因为他已经做经理司机十年了，十年来，连经理都没跟他说说过一句赞美的话，刘师傅感动得不得了。后来，刘师傅对当时的情景还念念不忘，在私下里经常主动帮陈婷婷的忙，再后来陈婷婷升到采购部经理的时候，他还时常地夸奖陈婷婷，说经理体恤下属、慧眼识英才等。

故事中的陈婷婷，之所以会与刘师傅结下良好的关系，就在于其简单的一句赞美的话："您的驾驶技术真是不一般，怪不得经理聘用您十多年了。"

的确，生活中，我们每个人都在为自己的工作和生活忙碌着、辛苦着，我们的努力需要得到别人的肯定，而如果我们能挖掘出别人未曾被赞赏过的优点来进行赞美的话，那么，对方一定能感受到你最好的评价。

一个在巴黎旅游的外国人，在车站附近遇到一个街头卖艺者，其琴声悠扬，令人伤感，吸引了不少行人。拉完一曲，周围的人纷纷向钱罐里丢钱，有的面额还不小。转眼工夫，钱已装满了罐子。但卖艺者脸上并没有一丝欣喜的表情。"已赚到不少钱了，他为什么还不快乐？"旅游者望着卖艺人那依旧忧郁的面孔，疑惑地问。"也许他需要掌声吧。"她的朋友淡淡地说了一句。旅游者的心被触动了。她缓缓抬起手来，为之鼓掌。果然，卖艺人那张暗淡瘦削的脸慢慢绽开了，眼睛里还溢出了感激的泪水。

不错，卖艺者心底最终期待的是掌声！钱只不过是别人因可怜他而给予的一种恩赐，而掌声则是对他人生经历的赞许和鼓励，是真正发自内心的无私认可。

那么，在具体的赞美过程中，我们该怎样赞美他人被忽视的优点呢?

1.少讲客套的赞美话

无论你和交际对方的关系如何，都不能过分客气，不知道你是否有过这样的境遇：你接受朋友的邀请，到朋友家里作客，但朋友不但把你奉为上宾，还对你异常客气，总是对你说一些客套的漂亮话，唯恐你不高兴，唯恐开罪于你。如此一来，你一定觉得如针芒刺背，坐立不安。

事实上，要想给对方突如其来地赞美，首先就必须要避免冗长的赞美话，字字珠玑地赞美才能把话说到点子上。

2.先了解对方

每个人都有其自豪的地方，有的优点是被他人经常提及的，但有些优点是被人忽略的，为此，从这个角度进行赞美，就需要我们做到细致地了解对方，然后加以赞赏，必然会得到他的好感。

3.不着痕迹地夸大对方被人忽视的优点

赞美对方，把对方的优点加以拔高、放大。这样的话有明显讨好之意，因此，我们在赞美别人的时候，一定要说得巧妙，最高明的做法是自然而然，不露痕迹。比如，你可以这样赞美公司某个时尚靓丽的女同事：“我听公司其他同事说，您烧得一手好菜，是吗？”这样说，对方一定觉得你才是慧眼识英雄的人。

当然，正如任何形式的赞美一样，赞美他人被忽视的优点也还必须建立在真诚的基础上，不要为了赞美而赞美，因为只有真诚的赞美才是自然的，才不会给对方突兀和莫名其妙的感觉。

巧妙将赞美的话间接传递给他

我们都知道，渴望赞扬是每一个人内心中的一种基本愿望。美国著名心理学家威廉·詹姆士说：“人类本性上最深的企图之一是期望被赞美、钦佩、尊重。”但是，大多数情况下，赞美之词只有恰到好处，让对方觉得他的价值得到了肯定和认可，才算起到了作用，也就是说，虽然人都爱听赞美的话，但是并非任何赞美都能使对方高兴。所以说，赞美一个人时，一定要有策略性的手段，要别出心裁，才能打动对方的心。

前面，我们已经分析过，间接赞美他人的效果更明显，其中就包括在背后赞美，这是因为背后赞美更显真实性。心理学家曾经做了这样一个心理学的实验：当一位同学取得了奥林匹克一等奖之后，让一位老师去直接赞美他聪明，赞美他学习用功刻苦，同时，又让这位老师传达了另外一位老师的赞美和称许，结果，这位同学只是谦虚地微笑着离开了，之后却给那位没有露面的老师打了电话，传达了感激之情。

同样是赞美之词，为什么这位同学对直接表达的赞美表现得如此淡然，而又对利用他人之口传达来的赞美却如此重视呢？专家是这样解析的：通常，我们都有“被认可”“被肯定”的心理需求，同样，在潜意识里，每个人都会对别人说的话做出分析和判断。很多时候，一个人当面说好听的话，往往是有所图，他所说的话被打上了引号，是否真诚有待定论；而相反，背着当事人的称许则没有任何所图，显得更加可信。这就是为什么前面的同学对当场赞美的老师只是谦虚地微笑，而对另外那位没有露面的老师表达了感激之情的原因所在。

在我们的现实生活中，这样的例子非常的常见。

有一个女孩到朋友家去做客，朋友的父母赞许说：“你这么有礼貌，真是太懂事了。”

女孩谦虚地说：“没有啦，阿姨，比起您的女儿来，我还差地远呢。”当时，朋友的表姐也在场。第二天，朋友告诉这位女孩说：“我表姐说你不但人长得漂亮，而且知书达理。”这位女孩惊讶地说：“你说的是真的吗？”当这位女孩第二次去的时候，对朋友的父母表现得很一般，对她的表姐却表现得很感兴趣。她觉得朋友的父母是为了让客人高兴才赞美她，而朋友的表姐的赞美才是发自肺腑的。

可见，在平日里，我们不要当着对方的面表达赞美，这样的赞美只能到达对方的耳朵里，却到不了心里。而要通过别人的口传达你的赞许，这样才能起到相应的效果。

专家研究表明：每个人的内心都渴望得到别人的赞美和称许，这样自己在心里对自我价值有一个肯定和认可。而当面表达赞美往往会让别人觉得你是阿谀奉承，对你的赞美之言产生质疑，这就与对方内心的期许产生了误差，“耳边风”自然就刮过去了。相反利用他人的嘴来表达赞美，则会让别人觉得你没什么可图，赞美自然真诚温暖。人们总是认为符合自己“心理认知”的赞美是真诚的，因而表现出喜悦和接纳。

从前，有一个脾气古怪的县令，他每一次发布新的政令，都要求下属当面称赞。刚开始的时候，当下属当面赞美时，县令就非常高兴。但久而久之，县令觉得听来听去就是那几句赞美的话，也听腻了，心想：难道每次都需要自己要求你们那么做吗？可不可以来点新鲜的呢？

有个头脑机灵的下属看出了县令的心事，于是想办法来点“新鲜的”，希望让县令高兴高兴。这天县令又发布了新的政令，这一次，那位头脑机灵的下属并没有像以前那样当面称赞县令了，而是故意在一旁偷偷地跟同僚说：“凡是身居高位的人，大多喜欢别人的奉承，只有我们老爷不是这样，他一向对别人的称赞都不放在心里。”

没过多久，县令就从下属们那里知道了这几句话，心里非常高兴，马上唤来那个下属说：“好啊，知道我心里想的，还是只有你。”很快，这个头脑机灵的下属便受到了县令的重用。

其实，那位下属所说的那几句话就是想说给那个爱听恭维话的县令的。但是，这个下属并没有像其他同僚那样当面赞美县令，而是将这些话告诉第三个人，以和同僚在背后议论的方式，有意识地让县令听到耳朵里去，将县令捧得很高，从而达到了赞扬县令的目的。

要做到从容自如、得心应手地通过间接的方法赞美别人，还是要讲究一些技巧的。赞美是一门艺术，技巧性很强。就像画画一样，胡乱涂鸦的人都会涂上几笔，但要画一幅完整的作品，就没那么容易了。那么，究竟如何利用别人的嘴来传达你的赞美呢？在表达的时候要注意哪些问题呢？

1.赞美的话要有重点地说，说得简明扼要

很多人在利用别人口传达赞美之情时，情感很真挚，结果却没有收到预期的效果，究其原因是表达很罗嗦，没有重点，这就给传话的人带来了难度。比如：你看到了朋友家的小孩很懂事，一会赞美她尊重长辈，懂礼貌，一会又转移到爱讲卫生，爱学习上。结果传话的人传达时说了很多，却没表达出你的主要意思。你的赞美不真实，反而成了对她的讽刺。因此表达之前多了解对方很有必要。

2.赞美之言的“传播者”要选合适人

利用他人的嘴来表达赞美时，如果这个他人与被赞美者关系疏远，那么很有可能你的赞美到不了位。例如你想要赞美你的领导很有魄力，却选择一个你的下属做传话人。可想而知赞美被传达的机率有多小。选择对方身边的人。或者是关系亲密的朋友或者家人，往往能达到很好的效果。

3.不要对对方的期许过高

有的人总是对利用别人的嘴传达赞美之情给予过高的期望，结果一旦收效不明显，就急不可待地，跑去询问传话人，甚至还会直接向被赞美者打听。最终导致你的赞美完全失效，还有可能引起别人的反感，起到反面的效果。

总之，只要我们掌握了以上几点要领，就能巧妙地将赞美的话传递到对方耳中，这样无论使用什么的溢美之词，都不会显得过于露骨和肉麻，而对方又能同样领会到你的赞赏之情。

得失效应：我们更要注重赞美的变化量

在心理学上，有个著名的得失效应，这一效应表明，对于赞美来说，决定对赞美者的喜欢程度的，不只是赞美的总量，还有赞美的变化量。的确，在大多数情况下，人们会比较喜欢那些对他们有正面评价而非负面评价的人。当然，尽管人们喜欢听赞美，但是却不喜欢泛滥的赞美之言，更不喜欢那些别有用心的赞美，这样只会让对方厌恶，相对而言，注重赞美的变化量，让对方感觉到一直存在的赞赏，这样更容易产生人际吸引。我们先来看看下面的故事：

小月是个大美女，才来这家公司不到半个月的时间，办公室的单身男士们纷纷前来献殷勤，其实，小月也想好好找个对象谈恋爱结婚了。但是，到底选谁呢？小月决定观察一段时间。

周五早上，小月刚到座位上，就被鲜艳欲滴的火红玫瑰吸引住了，真美！小月看了看礼品卡，上面赫然写着："周晓月小姐，你就如同这玫瑰般美丽，我被你深深地吸引了，请给我一个机会。"听到这样的爱情告白，小月自然心里美滋滋的。

过了一会儿，送花的人——小月的男同事小王走了过来，当着很多人的面，带着灿烂的笑容对小月说："周小姐，自打我进这家公司来，我从未见到过你这样与众不同的姑娘，你美丽、大方，我可以说，你去参加世界小姐选拔赛绝不为过，你不只是美丽，你还心地善良，我总是能看到你帮其他同事做事，这样好的女孩子我绝对不能错过，所以，请你给我个机会好吗？"谁能抗拒得了这样的赞美？小月有点感动了，但她还是理智的，她知道自己才进这家公司，很多事、很多人都不了解，不能贸然决定，于是，她说：“谢谢前辈的抬爱，但是我们才认识不久，我们先把工作放第一位好吗？”小王听到这话，也觉得自己有点唐突了。于是，一起看热闹的人也都各自回去上班了。中午吃饭的时候，小月在电梯里遇到另外一位男同事小林，小林说：“你今天这发型不错，很利索，符合你的气质。”“是吗？谢谢。”小月并没有说其他的话。说实话，小月对小王的印象不错，不过，从那次表白以后，小王好像一直很忙，也没有再送花示爱了。倒是这小林，好像总是会出现在小月面前，这天小林去领导办公室汇报工作的时候，经过小月的办公桌，然后轻声地说：“最近那个案子表现得不错啊，加油。”一句简单的话，让小月心里暖暖的，好像受到了极大的鼓舞一样，她做起事来更有动力了。小林还是个十分贴心的人，这天早上，小月来到办公室，看到自己的办公桌上有一瓶防晒霜，下面压了张纸条：“你的皮肤那么白，别晒黑了，听女同事说你最近在托人买这瓶防晒霜，我凑巧有个朋友在做护肤品专卖，我给你买了一瓶。”这样贴心的攻势，大概没有哪个女孩子能抵挡，小月感动极了，她的心就这样被俘虏了。很快，他们成了别人眼里男才女貌的一对恋人。

这则故事中，小月为什么最终选择了男同事小林而不是小王？因为小李深谙赞美之道，将赞美中的得失效应运用自如，相比之下，小王虽然说了很多赞美之言，但却没有看到赞美的变化量，最终，她的赞美也就被小月遗忘了。

其实，得失效应在生活中，我们也能找到原型，比如，现实生活中也是如此，如果我们要想保持和朋友的关系，真正走进对方心里，就需要和对方持续地接触。比如，你想追求某个女孩，一次见面在一起待一天，还不如经常约见；再比如，你想通过汇报工作来赢得领导的注意与重视，一次性将你一个月的工作汇报完，还不如经常汇报。这一点，同样适用于赞美之中。要知道，为了给对方留下好印象，你一个人滔滔不绝地说好听的话，效果反而不好。你不妨找机会多与对方见面，每次时间别太长，每次只说一点赞美之言。这样，能给对方一定的思维空间，让他回味你的为人和你说过的话，他就会期待与你的下一次见面。

总之，我们要想让赞美真正起到作用，要想真正让对方被我们打动，就需要持续不断地赞美，只有这样，你才能攻破对方最后的心理防线，成功达到我们的沟通目的。

第04章 善于提问，懂心理让你的提问无往不胜

反问别人可以解救自己

1972年5月，美苏在莫斯科举行首脑高峰会谈。27日凌晨一点，美国前国务卿基辛格在莫斯科访问过程中，向随行的美国记者介绍美苏关于限制战略核武器四个协定签署会谈情况。基辛格微笑着向记者透露说："苏联生产导弹的速度，大约是每年250枚。"这时，无孔不入的美国记者马上敏捷地接过话头，试探着想问一下美国的军事秘密，说："那现在我们的情况呢？我们美国有多少潜艇导弹正在配置的分导式多弹头？"基辛格耸耸肩膀，摇摇头说："我不确切知道正在配置的分导式多弹头有多少。至于潜艇，我的苦处是，数目我是知道的，但我不知道它们是否是保密的。"记者接过话头说："不是保密的。"于是基辛格反问道："不是保密的吗？那么请你告诉我是多少呢？"发问的记者顿时傻住了，只得不好意思地一笑了之。

在这个案例中，基辛格想避开记者的追问，佯装不知道潜艇数字是否保密，他似乎是在迎上前去暗示记者：如果不属于保密之列，将公诸新闻界。急于抢新闻、争时效的记者不知是计，连忙告知："不是保密的。"他们以为这样一来，基辛格便会和盘托出。岂料基辛格是在虚晃一枪，他留给记者一个大难题：既然你们说是不保密的，那就是公开的了，既然人

所共知，那么就让消息灵通的记者自己来回答这个众所周知的数字吧！当记者为这个突然来临的“难题”不知所措时，基辛格就可以不用回答这个保密的问题了。有时候，当你不知道该怎样回答别人的提问时，你可以反过来问他，这样就能把你解救出来。那么，到底如何才能更好地应用反问来提问呢？

1.反问必须方法得当

有时候我们在和别人交谈时，进行反问并不失礼，但必须方法得当。如果说你惊奇地反问：“咦？”或者回答“哦？”等不确定的反问语气时，对方一定会觉得是被怀疑，不被信任的感觉，所以会对你的印象不佳。比如说对方讲话你没有听明白，或者对方向你提出的问题你不懂的时候，你就可以反问对方“你怎么看这个问题？”或“你认为结果会是怎样的呢？”等一些反问的话。当你用这样得当的反问把对方踢过来的“皮球”再踢回去的时候，对方也一定会真诚地回答你反问的问题。

2.反问可以适当幽默

幽默的形式是轻松愉快的，和幽默的人交谈也是充满快乐的，当你在反问时用上幽默的词语，不仅能回答对方的提问而且还能使人感到活泼、轻松、快乐、滑稽、诙谐或优美。

在北京奥运会开赛前，就有消息传出，这也许是姚明最后一次代表国家队出战奥运会。虽然在比赛中姚明非常拼命，但还是不能力挽狂澜，最后中国队还是止步八强，没能突破历史。在记者招待会上，当记者问到姚明是否会就此退出国家队时，姚明先半开玩笑地反问道：“我那么老吗？”一句幽默的反问赢得了记者的掌声。

因此，当你遇到不想直接回答的问题时，适当用幽默的反问去应答，不仅给出了答案，而且还营造了一种轻松的氛围。

3.反问也要机智

机智的反问就是针对不同的情境和对象，从不同的角度和侧面，或明或暗，或褒或贬，或深或浅地反问对方。这样可以表明你的立场、态度或观点，给人以震慑力。1966年，陈毅去北京第一外语学院演讲，正在演讲时有几个造反派提着高帽子企图揪斗他。陈毅看着向讲台走来的几个人，在一分钟前还用自己的亲身经历，和颜悦色地开导着年轻人的他，突然怒目圆睁、拍案而起，厉声喝道："看你们谁给我戴？看你们哪个敢给我戴？"那几个造反派被陈毅元帅的反问震慑了，像被施了定身法，傻呆呆地站住了。陈毅元帅这一强劲有力的反问，不仅机智，而且更加显示出他的大义凛然，使造反派的阴谋彻底破碎了。有时候，机智的反问可以变被动为主动，可以出其不意，取得良好的效果。

逐层深入，步步为营

孟子拜见齐宣王，问："您曾经告诉庄暴说您爱好音乐，有这么回事吗？"齐宣王有些不好意思，只得据实说："我并不是爱好古乐，只是爱好一般的音乐罢了。"孟子说："只要您非常爱好音乐，那齐国便会富强了。无论您爱好的是现在的音乐还是古代的音乐，它们都是一样的。"齐宣王说："先生可以清楚地说明这个道理吗？"孟子说："一个人单独欣赏音乐的快乐，和与大家一起欣赏音乐的快乐，究竟哪一种更快乐呢？"齐宣王说："当然是与大家一起欣赏音乐更为快乐。"孟子说："与少数人欣赏音乐快乐，和与多数人欣赏音乐也快乐，究竟哪一种更快乐呢？"齐宣王说："当然是与多数人一起欣赏音乐更快乐。"孟子接着说："那么就让我和您谈谈赏乐的道理吧！假如大王在这儿奏乐，老百姓听到鸣钟击鼓、吹箫奏笛的声音，却都愁眉苦脸，'我们的国王这样爱好音乐，为什么我们却苦到这般地步呢？'原因就在于大王只图个人享乐，而不与百姓同乐。但是，假如大王在这儿奏乐，老百姓全都眉开眼笑，'我们的大王大概很快乐，要不怎么能够奏乐呢？'这没有别的原因，只是因为国王与百姓能一同娱乐罢了。所以，如果大王能与百姓同乐，就可使天下归服了。”

说话的时候要按照对方思维发展的趋势，逐渐提出问题，这样才能逐步否定对方的观点，最后将对方否定。在这里孟子在这段论辩中用了因势利导的方式。当他听说国王喜爱音乐时，就由此用一个个问句，一步步疏导，最后得出结论：如果大王能与百姓一同娱乐，就可使天下归服，从而达到说服齐宣王与民同乐的目的。那么，在询问时如何进行逐步深入呢?

1.预先明确目标

在询问的时候，一定要有一个明确的目标，你向对方发问是想到达一个什么目的。只要明确了这个目的，在具体的询问中就会有所指。千万不能没有目标，胡乱发问。这样不但不能达到逐步深入的目的，还会引起对方的反感。有了明确的目标，还要明白每一个问题怎么问才算合适，问到一个什么程度上才算恰到好处。只有心中有了这些明确的规划，询问起来才不会不知所云。所以，在询问之前，你一定要找到自己询问的明确目的，要明确自己想要达到的目标。

2.说话要有逻辑性

在询问的时候，每个问题之间都要有很强的逻辑性，这样才能一步一步将对方引导到我们预先设置好的目标上来。如果哪一个问题上出了问题，自相矛盾，或者问题问得不严谨。这样就没有办法成功引导对方。因为你自身出了问题，也就意味着你所设置的所有逻辑都存在着问题。连自己都说服不了，怎么去引导别人呢。所以，在引导的时候，一定要注意语言的逻辑性。要仔细斟酌每一个词，每一句话。把话说得严谨一些，不要犯明显的错误。这样一来，对方在你的引导下才能顺利到达预先设置好的目标。否则，被对方找出逻辑的错误，反驳得无话可说，不但不能引导对方，还有可能被对方引导。

3.多用问句引导

在引导对方的时候，要多用问句。尤其是反问句，让对方所坚持的观点和看法在你的反问下失去抵抗力，从而乖乖地听从你的调遣。当然，在用反问句的时候，要先用大量的论据和事实将对方驳倒。在你的反问下，对方再不缴械投降似乎已经没有退路了。这样在你环环相扣的一个个反问下，对方会一步步地跟着你靠近预先设置好的目标。比如：你举了大量的例子说明不上学是没有出路的，然后问："难道你还不想去学校吗？"在事实面前，对方自然乖乖地跟着你去学校。如果事实不充分，说明不了问题，对方自然会起身反驳。这样整个设计就会功亏一篑。

把握问题的尺度，打好擦边球

肖云今年25岁了。按理说早已经到了谈婚论嫁的年龄了。可是肖云非常挑剔，始终没有找到自己满意的对象。于是她的婚姻大事就成了父母的压力。二老托人四处打听介绍。后来在邻居王大妈的介绍下，与一个老师见了面。双方都很满意。通过几次的接触，双方很快建立了恋爱关系。第一次在公园门口准时约会。小伙子多少有些腼腆，平日里很少跟女生打交道。第一次约会也不知道说什么。肖云接触的男生不少，但是毕竟对方也是刚刚认识，也不知道该说什么。于是双方长久地沉默着。肖云想问个问题，打破沉默，于是她问："你谈过恋爱吗？"小伙子一脸的惊恐，摇了摇头。双方再次陷入沉默。过了几分钟，肖云再次提问："你工作轻松吗？工资多少钱啊？"小伙子支支吾吾说了几句，就找了个借口走了。从那之后，他们再也没有见过面。原来男方对肖云问的问题很反感，觉得她是个只看钱的人。就这样，一个不恰当的提问毁了肖云的一段姻缘。

向对方提问的时候，一定要把握好尺度。如果两个人关系还很陌生，就不适合问一切过于深的问题，因为对方不回答似乎不礼貌，回答了又对你没有信任感，觉得自己不安全。所以，在提问之前，一定要想一想，问这样的问题合适不合适，如果觉得不合适最好别问。问了只能徒增双方的尴尬。那么，在具体的提问中，如何才能把握好提问的尺度，打好擦边球呢？

1.适当的身份提适当的问题

人与人之间的关系不一样，问问题的时候，也要适当的考虑清楚，这个问题是不是你们之间目前的关系所能问的。比如故事中的肖云和小伙子之间，双方还很陌生，就问收入，显然不合适。这个问题如果到了双方已经热恋之后再问，也没什么不可，只是双方刚刚认识就问，一下子将两人之间的距离拉得很远。对方自然受不了了。所以，在提问的时候，一定要明确你和对方的关系，一般情况下，关系熟了，问的有点深度也不为过，如果关系还很陌生，最好不要问过于隐私的问题。这让会让别人感觉到没有安全感。

2.不宜问对方不知道的问题

在向别人提问的时候，一定要事先想一想，对方能否回答这个问题，如果觉得能回答，那么提问，对方自然很高兴为你解答。但是如果对方不能回答，你却问了，令对方尴尬。这就失去了提问的价值所在。比如你问一位医生："去年发生在本市的肝炎病例有多少？"这个问题对方很可能就答不出来，因为一般的医生谁也不会去费神地记这类数字。要是对方回答说"不太清楚"，就不仅使答者有失体面，问者自己也会感到没趣。

3.不要打破砂锅问到底

有些人总喜欢打破砂锅问到底，不管你愿意不愿意回答，总是没完没了地发问，让人厌烦。问问题的时候，不要打破砂锅问到底，如果对方不愿意回答，或者不愿意多说。那就适可而止。比方说，你问对方住在哪里。对方回答说"在北京"或者说"在香港"，那么你就不宜再问下去。如果对方高兴让你知道，他一定会主动详细地说出来，而且还会说"欢迎光临"之类的话。否则，别人便是不想让你知道，你也就不必再问了。此外，在问其他类似的问题如年龄、收入等的时候，也要注意掌握问话尺度，要适可而止。

4.提问必须掌握最佳的时机

提问并不像逛大街、上自由市场那样随时都可以进行。提问时机掌握得好，发问的效果才佳。两个过去很要好的朋友都刚刚走上工作岗位，一个偶然的机会他们相遇了，互相询问：“你们单位怎样？工作还顺利吧？谈恋爱了吗？”显得既亲热自然，又在情理当中。中国人见面打招呼都喜欢问一句“吃了吗”，如果这话用在吃饭时间前后，倒也无妨，但如果下午三点左右在公共汽车上遇到熟人也问这么一句，就难免让人感到有点莫名其妙。

让对方说“是”，掌握主动权

大卫是一位推销电动机的推销员，一次他去拜访一家老客户的公司，准备说服他们再购买几台新式电动机。在去之前大卫和这家公司的工程师通过电话，了解到工程师昨天到车间去检查，用手摸了一下前不久大卫推销给他们的电动机，感到很烫手，便断定大卫卖给他们的电机质量太差。

当大卫刚踏进那家公司的门口，就遭到了对方工程师的拒绝，那名工程师说：“大卫，你又来推销你那些破烂了！你不要做梦了，我们再也不会买你那些玩意儿了！”

大卫冷静地考虑了一下，心想如果与对方辩论电动机的质量，肯定于事无补。于是他便采取了另外一种思路，他对工程师说：“好吧，我完全同意你的立场，假如电动机发热过高，别说买新的，就是已经买了的也得退货，你说是吗？”

“是的。”工程师回答说。

大卫：“你是知道的，任何电动机工作时都会有一定程度的发热，只是发热不应超过全国电工协会所规定的标准，你说是吗？”

工程师：“你说得对，是这样。”

大卫：“如果按国家技术标准，电动机的温度可比室内温度高出42°C，是这样的吧？”

工程师：“是的。但是你们的电动机温度比这高出许多，昨天还差点把我的手烫伤！”

大卫：“哦，是这样。那么请问你们车间里的温度是多少？”

工程师：“在24° C左右吧。”

大卫：“这就对了。车间是24° C，加上应有的42° C的升温，共计66° C左右。那么一个人把手放进66° C的水里是不是会被烫伤？”

工程师：“嗯，好像是的。”

大卫：“这就对了啊，所以以后千万不要去摸电动机了。我们的产品质量，你们完全可以放心，是绝对没有问题的。”

就这样凭借大卫的让对方说“是”，又做成了一笔买卖。

让对方说“是”，是一种说话的艺术，如果你学会了这种艺术，你将终身获益。当一个人在说话时，如果一开始引导他来说“是”，那么他已经在内心深处有了肯定的一面。这时候内心的抵抗和戒备就会完全放松，这样交流起来气氛就会融洽很多，对方也容易放弃自己原来的偏见，转而同意对方的意见。在这个案例中，大卫从一开始就引导工程师回答“是”，从而抓住了问题的主动权，使谈话的结果朝着自己更有利的方向去发展。到底如何才能让对方说“是”呢？以下几点，值得借鉴。

1.把要说的话说对

卡耐基曾经说过，天下只有一种方法可以让任何人去做任何事，那就是让他自己想去做这件事。而让他自己想去做这件事，唯一的方法是让他认为你说的是对的，让他认为他是在遵循对的东西才这样做。

比如说一个顾客拿着一件商品舍不得放下，这时销售人员就不应问顾客喜不喜欢，想不想买这样给顾客选择性的提问。因为你问顾客“想不想买”“喜不喜欢”时，顾客可能就会回答“不”。因此，在这个时候你一定要明白一点，顾客拿着那件商品，一定是他喜欢的，所以你应该问：“你一定很喜欢，是吧？”这时顾客肯定回答的是“是”。因为你说的是对的，他拿着那件商品舍不得放下，确实是他所喜欢的。

2.创造出对方说“是”的氛围

奥佛斯屈教授在他的《影响人类的行为》一书中说：“当一个人说‘不’时，他所有的人格尊严都已经行动起来，要求把‘不’坚持到底。事后他也许会觉得这个‘不’说错了，但是他必须考虑到宝贵的自尊心而坚持说下去。因此，使对方采取肯定的态度，是一件特别重要的事。”由此可知，在和对方交谈的时候，要避免对方说“不”的气氛，一定要创造出对方说“是”的气氛。比方说，你在和对方谈话的时候，我们应该把自己置于“是”这一情景之中，将对方可能采取的反对意见铭记于心，同时，还应牢记我们所熟知的对方的观点。你还可以运用肢体语言，当你在问别人“是这样吧？”“一定是吧？”等让对方回答“是”的问句后，你一定要先点头给对方造成一个“是”的气氛。

迂回发问有益于问题的直接解决

小于和老王是生意上的伙伴。小于给老王发了整整的两车货。可是老王却因为资金有限，迟迟没有结款，这让小于压力很大，毕竟小于也是小本买卖。没有足够的资金流转，生意根本没法正常运营下去。

但是小于也不敢追得紧了，万一老王一发脾气，要起赖，这笔账就有可能成为死账。这是小于最怕的。所以既想要账，又怕得罪老王。

这天，小于来找老王，二人来到餐厅，点了一桌好的酒席。二人一边吃，一边喝，称兄道弟论起了交情。席间，小于突然悲伤起来，这让老王丈二摸不着头脑，在老王的再三询问下，小于一再地哭穷，说自己的生意就要大亏本了，公司也要倒闭了。小于越说越伤心，最后哭了起来，他拉着老王的手说：“王哥，你说我是不是天生就这命啊？”

小于说的越悲惨，老王越难受。他再也坐不住了。当晚就把货钱给小于结了。

有些问题，不方便直接问，就要迂回发问绕个弯。比如故事中，小于的一问，不是在问，而是在拷问老王的良心。如果小于说一大兜子好话，问老王："我的钱你什么时候结？"可能老王无论如何也不会立即给他钱的。而且这样直接问伤了两人的交情。所以，有些时候，有些问题绝对不能直接问，要采取迂回发问的形式，将你的问题传达给对方，这样才有益于问题的直接解决。那么，在迂回发问的时候，要注意哪些问题呢？

1.问的问题和急需解决的问题之间要有关联性

在采用迂回方式发问的时候，问的问题之间和急需解决的问题之间要有关联性。这样才能让被问者明白对方的所指。否则，你问的问题跟急需解决的问题之间一点关联性也没有，问了也是白问，对方根本不知道你的意图所在。对方不明白你的意思，自然给你解决不了问题。所以，在采用迂回发问的时候，一定要找到两个问题之间的关联性。这样，才能达到指桑骂槐的效果。如果对方想给你解决，自然顺水推舟解决了你的问题。如果对方不想解决，也会找个理由搪塞。这样一来，双方也不会撕破脸皮。导致问题最终无法解决。所以，采用迂回发问的时候，一定要找到关联，不能盲目发问。

2.要选择一个合适的时间

在用迂回方式发问的时候，一定要找个合适的时间。比如对方闲的时候，或者是晚饭后。向对方表达你的意愿，一定要确定对方一定能听得懂，并且有时间去听。否则就失去了意义。如果对方正在忙，你一个劲地在旁边讲故事，对方觉得你实在闲得无聊，自然不会搭理你。所以，在向对方提问的时候，要事先了解对方什么时候能听得进去，什么时候能解决问题。问题得到了妥善的解决，这才是迂回提问的关键所在。

3.要有个适当的铺垫

在用迂回的方式向对方提问的时候，要事先设置一个铺垫。比如故事中，小于采用迂回的方式向老王要钱的时候，首先请对方喝酒，然后借着酒后诉苦，把自己的苦衷通过生意的失败表达了出来。事实上，如果老王给了钱，生意自然不会失败了。所以，小于借着喝酒这个铺垫，将自己想要钱的想法成功地传达给了老王。最终将问题成功地解决了。所以，在向对方迂回发问的时候，也要找个合适的铺垫。有了这个铺垫，在迂回发问的时候就能巧妙通过铺垫的情景成功地传达给对方。

第05章 学会说不，懂心理让你拥有拒绝的智慧

欲扬先抑，拒绝时转个弯

王晓乐在北京工作。整整一年了没有回家。这次趁着“十一”长假，回家探亲。

回家后，亲戚朋友都非常高兴，常常过来探望。这天，堂哥进屋来了。王晓乐和堂哥聊得非常投机。途中，堂哥突然说：“晓乐啊，哥有件事情，你得帮我啊。”

王晓乐一拍胸脯子说：“哥，咱们兄弟之间别客气，你有什么事，尽管说吧，我一定竭尽全力地帮助你。”堂哥：“自家兄弟，我也就不客气了。我最近看了一套房子，缺点钱，兄弟看能否帮助我一把啊。”

王晓乐一听，心里咯噔一下，自己也没多少钱，还要筹钱结婚。要是借给堂哥，自己连个媳妇都没钱讨。要是不借吧，脸面上下不去。情急之下，王晓乐急忙说：“我还不知道自己有没有这个能力帮助哥呢，等我明天查下我账户里的余额，再给你答复吧。”

经过了一晚上的苦苦挣扎之后，第二天王晓乐找到了堂哥，说：“哥，说实话我非常支持你买房子，毕竟生活水平在一步步地提高，没有自己的房子怎么行呢，再说了侄儿也慢慢地长大了，总不能让孩子继续受咱们受过的苦啊。”

堂哥笑呵呵地说："那是当然了，我结婚的时候没多少积蓄，买房子似乎永远都是一个梦，这几年经过打拼，也有了一些积蓄，就想着给妻子孩子安一个像样的家。只是手头还差几万块钱。"

王晓乐："按理说，哥，我得帮你，而且必须地帮你。可是哥你不了解啊。我也一大把岁数了。到现在还没有成家呢。这些年在外面过的很辛苦。好不容易才攒了几万块，准备讨个老婆呢。所以，堂哥，你再想想别的办法，行吗？"

堂哥听了，笑着说："兄弟如果实在帮不上忙，那也没有办法。毕竟谁的生活也不容易。我再想想别的办法吧。"

每个人都有自己独特的思维方式，别人喜欢的东西，你不一定喜欢，别人认为是对的，在你看来或许是错的。所以，当别人要求你的时候，一定要想明白了，如果你能接受那么无可厚非，如果你不愿意接受，那么就要学会拒绝。千万别委曲求全让自己难受。当然拒绝别人的时候，一定要转个弯，欲扬先抑，把话说到对方的心坎上，让别人在接受你的拒绝的时候，觉得合情合理。事实上，学会拒绝别人也是一个人成熟的表现，是18岁以后的年轻人应该掌握的为人处世的原则。那么，在拒绝别人的时候要注意哪些问题呢？

1.认真倾听，让对方感觉到你很重视

一般情况下，人在请求和要求别人的时候，都会有心理顾虑，怕被拒绝。所以，在你明知道帮不了对方的情况下，也要认真地倾听对方的陈述，这样一来，至少给对方一种受尊重的感觉。至少告诉对方对于他所提的请求和要求，你的态度很认真。这样，即使你拒绝了对方，也不会给对方造成遭受羞辱的感觉。

2.为不能满足对方的要求而道歉

人在遭到拒绝之后，都会有一个很大的心理落差，因为遭到拒绝就意味着别人不认可你。所以，在表达你的拒绝之前，一定要先给对方道歉。比如："实在对不起""抱歉"或者"请你原谅"等。尽管只是几个词语，但是却能减轻对方被拒绝后的心理打击。一定程度上可以缓解对方的挫折感和对立的情绪。

3.为自己的拒绝找个充分的理由

在拒绝别人的时候，一定要给自己找个充分的理由，让对方理解你确实无可奈何，无能为力。当你说明自己的理由之后，对方试图反驳，强拉硬拽，非要逼着你应允。这时候要注意了，不要和对方争辩，一定要明确表明自己的态度。争辩往往会把理性的问题转变成感性的问题。让对方觉得你是在故意找借口，在内心深处对你产生怨恨。

4.给对方提个合适的建议

在拒绝了别人的要求之后，在一定程度上让对方陷入了困惑和麻烦当中，这时候要适当地提供一些其他可行的建议。让对方觉得尽管你帮不了什么忙，但是你对这件事情还是很在意，向对方表达你愿意帮他的诚意，这样能在一定程度上减轻对方遭受拒绝的挫败感和对你的怨恨心理。从而缓解尴尬的局面，赢得对方的好感。比如说："我有事，实在是走不开，某某好像就那天晚上有时间，你可以去找找他啊。"

意思要明确，表达可委婉

有两个女大学毕业生，到一家大宾馆竞聘服务员。他们的条件都符合酒店的招聘要求。可遗憾的是，这家酒店只有一个空缺职位。经过再三考虑之后，总经理决定让他们两人在酒店实习一周，看看他们的表现再做定夺。

这天，酒店入住了两位客人，经理让两位女生负责接待。第二天早晨，客人退房的时候，第一位女生对客人说："您先稍等，我去查一下房。看看缺少东西了没有。"

而第二位女生这样说："请您先等一下行吗？我去看一下，你是否落下什么东西没有。免得你离开后再返回来取。"

他们回到房中检查，很快发现两位客人都不约而同的带走了浴巾，第一位女大学生来到客人面前说：“检查后，我发现你的房间内少了一条浴巾。按照规定，浴巾是不允许带走的。所以，你要按价赔偿。这个钱将在你的住房押金中扣除。”而第二个女生对他的客人说：“您的东西都带全了。我发现您爱用我们宾馆里特制的浴巾。我们非常愿意客人带走我们的浴巾留作纪念。只是这些物品不是免费的。我们要收取一定的工本费。”

客人走后，第二个女大学生获得了这个职位。

相同的话，换一种说法，会给别人更加舒服的感觉。遭受拒绝本身就不是一件愉悦的事情，如果在言语上得不到应有的尊重，心理的落差就会加大。所以在拒绝别人的时候，尽量说得委婉一些，说得含蓄一些，让别人在遭到拒绝后感受那一份温暖，但是一定要把意思表达清楚，以免产生不必要的麻烦。当然也别把话说的太直，以免让对方徒增尴尬，下不了台，颜面尽失。那么，究竟如何才能委婉地表达拒绝，又能将意思表达明确呢？

1.尽量少用否定词

一般情况下，否定词直观地表达了否定的意思，比如说：“不行”“不允许”等。在使用了这些词以后，会给对方一种接受命令的感觉。事实上，谁也不喜欢别人高姿态地命令自己。尤其在被拒绝的时候，更加反感。所以，要想含蓄地表达拒绝的意思，又尽可能不伤害到对方的自尊心，就少用，甚至不用否定词。比如故事中，第一个女大学生用了好几个否定词，让说出来的话变得生硬，而第二个女大学生基本上没有用否定词，说出来的话温暖人心。

2.站在对方的角度说话

在拒绝别人的时候，一般情况下我们都是站在自己的角度上看问题。这样无形之中就和别人形成了一个对抗体。所以，要想委婉拒绝别人，首先要化解这个强大的对抗体。这时候不妨站在对方的立场上看问题。让别人觉得你是在真心实意地关心他、对他好。这样一来，彼此对抗的情绪就会迅速地化解。故事中的第一个女孩站在酒店的立场上检查客房，第二个女孩站在客人的立场上，查漏是否落下东西。尽管最终两人都在看客房。第一个女孩和客人之间存在对抗的情绪。而第二个女孩和客人之间更像朋友。

3.为对方的要求找个理由

被别人拒绝是件非常尴尬的事情，尤其是在公众场合之下，如果处理不好，往往会让人颜面尽失。这时候，要学会给对方找个合情合理的理由，让对方明白你的态度，你所要表达的意思。在这个合理的理由的引导下，让对方找到了台阶下，有了理由便会自然放弃要求，心理上得到了很大的平衡，尽管结果是被拒绝了，但是在这个理由的暗示之下，就不会被拒绝带来的心理落差所伤害。比如故事中的客人偷偷拿走了浴巾，第一个女孩直接将这事说了出来，让客人非常尴尬，但是第二个女孩却说客人喜欢收藏。在这个理由之下，客人自然是“喜欢收藏了”。

柔软的言语更易拒绝对方

小文高三毕业了。本想着高高兴兴地去上大学。可是在报志愿的问题上和妈妈产生了严重的分歧。小文想到北京去上大学，所以想报考北京的院校。可是妈妈却希望她报考省城的大学。这天，一家人坐在一起讨论小文报志愿的事。妈妈的态度非常坚决，执意要让小文报考省城的大学，她对小文说：“我还是希望你在省城报个好大学，北京实在太远了。人生地不熟，平日里我们也照顾不到你，要是遇到什么事情，谁来帮助你啊！”小文气呼呼地说：“我就是要报北京的大学，我都这么大的人了，需要你们照顾什么啊！”妈妈也来了脾气：“好啊，你翅膀硬了，爱往哪飞往哪飞，我以后都不管了！”就这样，每次一提到报志愿的问题，小文就会和妈妈产生激烈的争吵。眼看着报志愿的日子越来越近了，爸爸看在眼里，急在心里。这天他把小文悄悄的叫进了屋里，叮嘱了几句。第二天，填报志愿的时候，妈妈依然态度强硬地要求小文选择省内的高校。小文一反常态，不再和妈妈顶撞了。而是笑嘻嘻地说：“我亲爱的老妈，我知道你是爱我，疼我，舍不得我离开。但是妈妈，你不能守护着我一辈子啊。北京的高校不论从师资力量，还是教学设施来说都是一流的，再说了北京的机遇大，对我将来的发展也很有帮助啊。”小文没有和妈妈顶嘴，妈妈想要发脾气也没处发，再加上小文一番推心置腹的话，说得妈妈心理暖暖的。小文终于如愿以偿地报考了北京院校。

人的情绪是会传染的。当你情绪稳定的时候，对方也会心平气和，当你暴跳如雷的时候，对方也会大发雷霆。所以，当别人态度强硬的要求你做你不喜欢的事情的时候，如果你态度也一样蛮横，那么不但拒绝不了别人，还会让对方更加强硬。在这种情况下，不妨用软化的策略。这样，对于你所表现出来的和蔼态度，即使对方是个脾气暴躁的人，也会和你心平气和地交谈。在交谈中，对方明白了你的态度。知道你不肯妥协，自然就会放弃。那么，在用柔软的言语拒绝别人的时候要注意哪些问题呢？

1.要有个和蔼的态度

和蔼的态度是柔和的拒绝对方的保证。试想如果一个人的态度不和蔼，又怎么可能和别人和蔼的交谈呢？所以，在拒绝别人的时候，一定要有个和蔼的态度。本来别人遭到了拒绝，内心很受打击，如果你的态度不好，往往会引起不必要的麻烦。你的和蔼态度在一定程度上调动起对方的好脾气。尤其是拒绝领导和上司的时候，和蔼的态度不会激怒对方，不会将请求变为命令。所以，18岁以后的年轻人在拒绝别人的时候，要有个和蔼的态度。即使你帮不了别人，也不会影响别人的心情。

2.要记得永远保持微笑

微笑传递给对方的信息是和蔼、可亲。当你在和对方谈话时，始终报以微笑，即使对方一时情绪失控，也对你发不起火来。相反你的微笑会让别人觉得不好意思勉强你。即使你本人想要对别人发火，你的微笑也会抑制你的火气。所以，一脸真诚的微笑，是拒绝别人的法宝。18岁以后的年轻人一定要学会微笑，学会用微笑抑制自己的脾气，学会用微笑来拒绝别人。但是微笑并不代表可以强迫，在报以微笑的同时，一定要把自己的态度表明，而且暗示对方没有商量的余地。

3.放慢讲话的速度

通常，一个人讲话的速度和情绪起伏是相对应的。说话的速度越慢，语气越平缓，语言才会越柔软。说话的速度越快，语气就会越急促。减慢说话的速度能在一定程度上减弱对方的心理抗拒能力，稳定对方的情绪，同时也会给自己一种心理暗示。所以，要想用柔软的策略来成功地拒绝对方，不妨放慢你说话的速度。18岁以后的年轻人更要学会用放慢讲话速度的策略来打乱对方想要要求你的谈话节奏，把整个谈话的控制权牢牢掌握在自己的手里。

克服“不好意思”的心理

张茵是高三的学生。由于学习紧张，她常常忙得焦头烂额。这天放学后，她正准备要做作业呢。邻居刘阿姨过来了，对张茵说：“妹子，你能帮我看一下孩子吗？我做饭，孩子闹得我没法弄。”

张茵很为难，如果帮助了刘阿姨看孩子的话，当天的学习就会受影响。但是拒绝刘阿姨又觉得特别不好意思，毕竟是邻居，低头不见抬头见的。这确实让张茵非常为难。最终她还还是拒绝了刘阿姨的要求。刘阿姨气呼呼地走了。

从那以后，张茵时常觉得自己伤害了刘阿姨，对不起刘阿姨。这种愧疚感让她寝食难安，严重地影响了她的学习和生活。张茵的奇怪表现引起了班主任的注意，他单独找张茵谈了话，当他得知张茵因为拒绝帮助刘阿姨，而陷入愧疚自责的心理困惑当中的时候，对她说：“其实，你大可不必为拒绝帮助刘阿姨而深感愧疚，因为你有自己的事情要做啊。当完成了自己的事情之后，才会考虑去帮助别人。所以你做得没有错。”

听了班主任的话之后，张茵的心结终于解开了。

拒绝别人，意味着伤害了别人的心，这给很多人带来了内心的愧疚，尤其是一些刚进入社会的年轻人，往往为此而困扰。事实上，没有什么不好意思的。帮助别人的前提是自己有这个能力，而且不影响正常的工作和生活。如果一味地为了帮助别人，不懂得拒绝，这样尽管成全了别人，却委屈了自己。所以，18岁以后的年轻人对此要有正确的认识，要学会拒绝别人。那么，如何才能克服“不好意思”的心理呢?

1.树立正确的意识形态

在社交的过程中，要树立正确的意识形态，要明白自己有应允别人的权利，同样也有拒绝别人的权利。这种权利本身没有好与坏，对或者错的分别，也没有应该或者是不应该。所以，你拒绝了别人，不用承担过多的道德的背负。当然这是在不违背社会道德和公众利益的前提之下。所以，不要觉得不好意思拒绝别人，如果你自己不喜欢或者是不愿意，那么就要理直气壮地拒绝对方。当然在拒绝的时候要采取一些必要的措施，把给对方带来的失望和遗憾减少到最低。你要明白你只能减少这种伤害。否则你就会伤害自己。

2.不要太在意别人的想法

人有个特性，那就是忠于自己，所以更在乎自己的想法和感受。在社交中也更要想方设法地保护自己，维护自己的利益。如果别人提的要求超过了自己的能力范围，或者是要自己付出时间和精力，而又得不到相应的补偿，那么无意之中损害了自己的利益。在这种情怀况下，就要拒绝对方。在拒绝的时候，不要太在乎别人的想法和感受。太在乎别人的感受，就会忽略自己。就会委屈自己而成全别人。事实上，这会让你更加难受，因为违背了你的意愿。所以，如果你不喜欢，或者是不愿意，那么就要果断地拒绝，不要害怕和担心别人怎么想。

3.要学会换位思考

在大多数的情况下，我们很少对某个人做的一件无关自己痛痒的事情一直耿耿于怀，因为我们每个人更加在乎自己，更加关注对自己有影响的事情。所以不必为拒绝别人而感到不好意思，说不定你拒绝了对方，别人会找到另外的人帮忙，或许结果比你帮忙要好得多。你拒绝了别人，担心别人会说你“自私”，说你“不近人情”，或许对方根本就没有这么想呢？再说了每个人活着是为自己活着，不是为了别人活着。所以不要有“不好意思”的想法，勇敢地说出“不行”或者是“我不同意”等，让对方尽快做出别的选择。

拒绝但不伤害对方的技巧

小汪的孩子得了急性阑尾炎。可是一时半会凑不够那么多钱交医药费，情急之下，小汪敲开了邻居刘阿姨家的们。小汪不好意思地说：“刘阿姨，我有个急事需要你的帮助。”刘阿姨满脸堆笑地说：“哎呦呦，低头不见抬头见，大家都是老邻居了，有什么事你就说吧。”小汪说：“我孩子病了，急性阑尾炎，需要马上动手术，可是我手头没有那么多的现金。您要是方便的话先借给我两千块，我明天立即还给您，您看行吗？”一听到要借钱，刘阿姨的笑容顿时僵在脸上，还没等小汪说完，就急不可待地回了一句：“我们家没钱。”小汪尴尬地站在门口不知所措，脸上一阵发红，刘阿姨把小汪留在门口，回到沙发上继续看电视去了。无可奈何的小汪只好到楼下王大爷家借了2000块交了住院费。从那以后，小汪再也没有和刘阿姨说过一句话。

任何人都不喜欢遭受别人的拒绝。因为在请求之前，心里有很强的希望应允的期待。当遭受拒绝之后，这个期待落空了。心理就会遭受巨大的创伤。随之而来的便是难受，自尊心受到践踏。在这种心灵的伤害之余，便是对拒绝者的抱怨，甚至憎恨。但是，有些人在拒绝了别人之后，却能让对方感激涕零，这到底是为什么呢？究其原因是因为他们在拒绝别人的时候，注意了忌讳，没有伤害到别人的尊严。那么，在拒绝的时候，到底如何做才能不伤害对方呢？以下几点，值得18岁后的年轻人学习和借鉴。

1.不要当场拒绝

在拒绝别人的要求或者是请求的时候，等对方把话说完之后，要向对方要一定的时间来考虑。这样会给对方一种受重视的感觉。即使后来还是拒绝了对方，但是在别人的心里，你已经是经过慎重地考虑过的，不是草率决定的。即使在听到对方的要求就知道不会答应，但是也不要直接拒绝，要向对方要一定的时间。这个时间段实际上是人心理的缓冲带。尽管最终还是被拒绝了。但是答应考虑本身就是一种应允。对方内心深处会依然感激你，尊敬你，依然把你当作朋友。比如在街上发宣传页的人，尽管知道你接受资料并不一定选择合作。但是如果你接受了，就是给对方的一种鼓励。同样的道理，你向对方要时间来考虑也是一种对对方的支持。18岁以后的年轻人，在你们遇到自己不喜欢的要求时，一定要表示拒绝。当然向对方讨要一定的时间，给对方应有的尊重是必要的。

2.切记拖泥带水

有一些人心肠好，在拒绝了别人之后，总感觉内心深处愧对他人。觉得亏欠别人什么。在他人的软磨硬泡之下，态度就会缓和，意念有所动摇。这样就给对方一种错觉，觉得你是默许了。而实际上你并没有答应对方什么。这样，别人始终对你抱有幻想，始终觉得你应该能答应。结果浪费了大量的时间和精力，结果还是被你拒绝了。可想而知，对方有多么地生气，对你有多么地憎恨。因为在这个过程中，如果你的态度再明朗一些，或许对方会找到新的人选，或许在这段时间内，别人已经完成了所嘱托你的事情。结果你模棱两可的态度贻误了别人，带给别人比拒绝更加让人无法忍受的伤害。18岁以后的年轻人做决断的时候要果断一些，不要粘粘糊糊，拖泥带水，要知道你的善良会害了别人。

3.忌讳第三者代拒

在不愿意答应别人的请求时，要告诉对方。最好是本人来表达你的拒绝的意思。切忌让第三者代为转达。有些人心地善良，胆子小，不好意思当着对方的面来拒绝。实际上，这样一来给对方一种不受尊重的感觉，觉得你架子很大，没有诚意，同时对方还会怀疑，你是否真的是拒绝？是否有别人指示你拒绝呢？所以，在表达拒绝的意思的时候，最好是自己出面告诉当事人，表明你的态度和立场。这样避免了很多不必要的麻烦。对方受到了应有的尊重，内心也不会再犯嘀咕。如果一个人害怕拒绝别人，害怕伤害别人，那么这个人永远也不会长大。所以，18岁以后的年轻人在走向成熟前，一定要先学会拒绝别人。

第 06 章　言语及心，懂心理让你更能把话说到心坎儿里

关键时刻一语中的，让对方无言以对

中国有句俗语：“最后的赢家才是真正的赢家，要笑就要笑到最后。”这句话一点也不假。生活中，与人交往的过程中，只有手握底牌，才能出奇制胜。我们可能经常看到法官这样审查嫌疑人：刚开始嫌疑人总是否认自己的犯罪事实，但他没想到的是，正当自己为自己的罪行辩护的时候，法官却突然指出他言语间的漏洞或者拿出关键性证据。此时，他只好对自己的罪行供认不讳，和盘托出自己的罪行。同样，这一道理也可以运用到生活中的沟通场景中，如果对方否认某些事实，我们不妨在关键时刻一语中的，让对方无言以对。

我们来看一个这样的职场故事：

某公司新来一个员工小王，他似乎有点小偷小摸的坏毛病。这天，大家都已经下班回家了，但小王还想在公司继续上会儿网。正巧，他看见经理办公室的门还开着，好奇心促使他悄悄地进去看了一下。巧的是，办公桌的抽屉也没有上锁，里面放着厚厚的一叠钱。面对金钱的诱惑，小王心动了，于是，他就做了件顺手牵羊的事——拿走了几张百元大钞，并且，他很有自信地认为，没有人会发现。但实际情况并不是如此，第二天一大早，经理就在办公室嚷嚷起来了：“你们谁偷了我办公室的钱？办公室怎么还有这样偷偷摸摸的人

啊……”但没有一人承认。这时候，经理秘书想出了一个招儿。他把大家招到会议室，然后说：“今天早上，清洁工周大姐来找过我，说昨天有人进了经理的办公室……”后面的话，秘书并没有说，然后他接着说：“经理已经答应我，这件事不会追究，但希望这位同事能主动给经理发个邮件，经理不会公开这件事。”会后，小王主动给经理发了邮件，并将钱转回到了经理的账上。经理一直夸自己的秘书是个“军师”的料子。

秘书让偷钱人小王不打自招的秘诀在于，他编造出了周大姐曾经看到这个嫌疑人的“作案过程”的虚假事实，然后假装一语中的，从而让小王乱了方寸，不打自招。并且，他采取了软硬兼施的措施，他给了对方“不再追究”的保证，在权衡利弊得失后，小王也只好承认偷钱的事实。

可见，当我们不知对手虚实的情况下，可以“使用”证人这张王牌投石问路。而在知晓事实的情况下，“证人”更能让对方心服口服。另外，当他人对我们产生质疑时，我们也可以采用这一心理策略：

客户：“请问我买的房子，大概什么时候可以收楼呀？”

销售员：“一般情况下，是签完合同，收到首期房款三个月之后。”

客户：“要这么长时间呀，一个月时间行不行呢？”

销售员：“如果要求一个月时间收楼的话，装修人员就要赶工。您都知道慢工出细活，赶工的时候，容易忙中出错，最后影响您房子的装修质量，那就划不来了。”

客户：“噢，是这样呀。那就按正常时间收楼吧。”

案例中的销售员运用的计策就是让客户晓以利害，给对方施加了心理压力，在权衡之下，客户接受销售员提出的“不”，同意按时收楼。

当然，在使用这一心理策略的时候，我们还需要注意：

1.把握时机，到顺风顺水的时候再说话

比如，在生意场上，在谈判中，有些时候你能清楚地感觉到事情正在越变越糟。你应该采取守势，退后一步，现在的情势不适合马上反击。很多人在自己处于劣势的时候拼命地试图证明自己，其实不妨退守一步。记住，在你处在劣势的时候，不要急着马上反击，等一等机会总会到来，那时你才能出奇制胜。

2.胜者总是笑到最后，最后表态

你还应该在最后说话的时候尽力最大化你的优势，先观察对手的动作，尽量让对手先表态，然后根据对方的心理变化适时地调整自己的策略。到最后的时候，一语中的，让对方心服口服。

重视最后几句话的影响力

近因效应是指人们识记一系列事物或某人的言论时对末尾部分的项目的记忆效果优于中间部分项目的现象。当你所传递的前后信息间隔时间越长的时候，近因效应就越明显，原因在于前面的信息在记忆中逐渐模糊，从而使近期信息在短时间记忆中更为突出。心理学认为，人的记忆受到“近因效应”的影响，在交往过程中，我们对他人最近、最新的认识占了主体地位，使过去的一些评价得以改变。换句话说，就是我们在说最后一句话或留下最后一个印象时，对方往往是记得最牢的。

在生活中我们经常都会经历这样的场面：两个朋友在一起愉快地聊天，可是，告别的时候，她居然说了一句很恶劣的话。那么，无论之前的畅谈是多么愉快，我们都会把最后一句话留在心里，并挥之不去，而且，这句话所造成的影响将波及彼此的关系。相反，本来对那个人的印象并不好，但分别时她居然说“认识你真高兴，我觉得今天你真漂亮，咱们下次再聊”，那么你会觉得以前不好的都随之而去，从此对她有了好的印象。其实，这些都是心理学上的近因效应在起作用。

曾国藩在最初和太平军的交锋中，一直处于劣势，于是在奏折中称自己“屡战屡败”。但他部下的一个师爷看了说，不要这样写，而是将四个字的位置调动了一下，变成了“屡败屡战”。曾国藩恍然大悟，把奏折改了过来，交了上去。结果一个“常败将军”的形象变成了败而不馁、坚忍不拔的形象。

其实，在这里我们不难看出，在整个说话过程中，最后一句话往往决定了整句话的基调。比如，上司对下属说“这个月总能超越上个月的销售额吧，虽然这个月销售出去的产品很少”，或者说“虽然这个月销售出去的产品很少，总能超越上个月的销售额吧”。其实，这两句话的意思是一样的，但就是因为语句排列的顺序不同，给对方的印象却是迥然不同的。前者给对方留下悲观的印象，后者给对方留下乐观、积极的印象。相比较而言，后者传递的言语暗示会更容易影响其心理。

谈判过程中，虽然张先生一再表现出合作的诚意，但对方公司负责人就是不为所动，甚至言辞犀利地拒绝：“我觉得你们公司不合适做我们的合作伙伴，您现在提出的一些要求都是毫无作用的。”张先生遗憾之余，还是面带微笑说：“谢谢贵公司能在百忙之中抽出时间与我公司会谈，以后我还会为咱们的合作继续努力。”说完了，还亲自把对方谈判代表送到宾馆门口。次日，张先生却意外接到了该公司的邀请电话。

张先生利用告别时“近因效应”挽回了合作伙伴，促成了谈判的成功。工作中的洽谈并不是一两次就能完成，即便双方已经达成了协议，但毕竟是合作伙伴，说不定以后还能遇到。

收尾最后一句话给未来做好了铺垫，同时，给对方留一个好的印象，这都是十分重要的。

1. “今天真得很愉快”

即使在谈话即将结束的时候，我们也要向对方传递友好的信息，否则有可能你无意的一句话就毁掉了前面的整个沟通。比如“今天真得很愉快”“我觉得你是个很不错的聊天伙伴，下次有空再过来玩”“谢谢你今天的盛情招待，我过得十分愉快”等等，给对方留下好的印象，有利于进一步接触或者下一次合作。

2.简洁有力地告别语

在结束整个谈话的时候，告别语不宜过多，如果你总是絮絮叨叨“今天我真高兴，没想到你会邀请我到你家来，这真是我的荣幸啊……那我走了啊，哎，你就别送了”，这样对方会觉得你很啰唆，之前对你的好印象都会消失不见；相反，如果你用简洁有力的语言告别“今天过得很愉快，谢谢你，再见”，对方会觉得你是一个做事果断的人，对你更有好感了。

3.“你能给我这份工作吗”

一般情况下，参加面试结束时很少会注意最后一句话，其实在大多数情况下，最后一句简单的话会收到意想不到的效果。我们可以用最后一句话传递期待的心理“你能给我这份工作吗？”“我最晚什么时候能得到回音？”“如果因为种种原因你没有在最后期限通知我，我可以联系你吗？”你所传达的期待心理，会使他人对你的印象大大改观，最后一句话有效地影响了其心理，或许你最后就得到这份工作了。

以己度人，挖掘对方欲望点

投射效应是指将自己的特点归因到对方身上的倾向，即以己度人，认为自己具有某种特性，对方也一定会有与自己相同的特性，于是，他们把自己的感情、意志、特性投射到对方身上并强加于人的一种认知障碍。比如，一个善良的人认为对方也是善良的，一个敏感多疑的人，则往往会认为别人都是不怀好意的。投射效应使我们对他人的知觉产生失真，我们在对他人形成印象时，有一种强烈的倾向就是假定对方与自己有相同之处，但实际上对方所具备的特性却是全然不同的。由于投射效应更倾向于自己是什么样的人来知觉他人，而不是按照被观察者的真实情况进行知觉，因而，投射效应是一种严重的认知心理偏差，它会给正常的人际交往带来严重的负面效应。所以，在日常交际中，我们需要克服这样的心理，善于从言谈比较中挖掘对方的欲望点，继而影响其心理。

1964年，刚从海军学校毕业的吉米·卡特，遇到了海军上将里·科弗将军。当将军让他谈谈自己的事情的时候，吉米·卡特为了获得里·科弗将军的喜欢，骄傲地谈起了自己在海军学院的成绩，他说自己在全校820名毕业生中，名列58名。他自认为将军听了他的成绩后一定会对他刮目相看，没想到将军却没有任何反应地问道："你尽力了吗？为什么不是第一名？"这句话让吉米·卡特不知道如何回答。

吉米·卡特与将军的对话验证了错误投射现象带来的负面影响，心理学研究发现，在日常生活中，人们总是不自觉地把自己的心理特征强加在对方的身上，认为自己是这样想的，对方也应该有同样的想法，并试图通过这样的想法去影响他人，最终却适得其反。

投射效应主要有两种表现形式：一是感情投射，也就是认为对方的喜好与自己有相同之处，继而按照自己的思维方式，试图来影响其心理；二是缺乏客观性的认知，他会以自己的价值判断去过度地赞扬喜欢的人，或者贬低厌恶的人。其实，投射效应告诉了我们一个道理，即每个人的心理都是不同的，我们不要以己心度人，需要在言谈比较中挖掘出对方的欲望点，准确投射，这样才能有效地影响对方心理。

1.用自己的喜好无法正确衡量别人

俗话说："物以类聚，人以群分。"这就是人们心理活动的一种折射，在投射效应的驱使下，人们的行为常常有失偏颇，继而不能更好地影响他人心理。比如，你自己很喜欢吃西餐，并不代表对方就很喜欢吃西餐。因此，我们在交际中不要以自己的喜好来衡量别人，这样做的的结果只会适得其反。

2.通过言语比较洞悉其心理

如果自己喜欢吃火锅，你可以试着询问："你觉得火锅怎么样？"假如对方回答："火锅还行吧，我倒觉得牛排挺不错的。"通过言语比较，对方所中意的应该是牛排而不是火锅；假如对方回答："我最喜欢火锅了。"那么，他的喜好应该和你差不多。

3.利用惯性思维

税务员假装不相信地问道：“唉，据我所知你没有这个肚量。”店主有点生气：“什么！我没有那个肚量，这算什么呀！自从今年来，我哪个月不卖个两万多呀。”“那好，你先把这几个月所漏的税额补交了吧！”税务员说道。这里，税务员所使用的就是惯性思维，利用其欲望点洞悉其心理。

悉心聆听，把话说到心坎里

沟通是双方通过语言或非语言来交流思想感情的过程，因此，在沟通过程中，我们不仅需要说话，也需要适当地聆听。是否能够通过语言来影响其心理，就决定于你是否悉心聆听了。良好的聆听会为你捕捉到许多有效的信息，而这些信息将决定于你是否能够成功地操控他人心理。说话是一个传递信息的过程，把话说到位，不仅关系到是否准确表达自己的思想，而且还在于自己的思想是否被对方所接受并产生共鸣。换句话说，把话说好，关键在于把话说到对方心坎上，以此影响其心理。那么，如何把话说到对方心坎儿上呢？这就需要我们善于通过聆听来洞悉对方的心理需求，再利用语言将自己的思想传递给对方，满足其心理需求，以达到影响他人心理的目的。

有一天，车上的乘客很多，而这时又上来了一位抱小孩的妇女。电车售票员小丽像往常一样对乘客们说：“哪位同志给这位抱小孩的女同志让个座儿。”但她连喊了两次，却无人响应。小丽并没有着急，缓缓地站了起来，用期待的眼神看了看靠窗口的几位小伙子，提高了嗓音：“抱小孩的那位女同志，请您往里走，靠窗坐的几位小伙子都想给您让座儿，可就是没有看见您。”话音刚落，“呼啦”一声，几位小伙子都不约而同地站了起来让座。这位女同志坐下以后，光顾喘气定神，忘记对让座的小伙子道谢，小伙子面露不悦的神色。小丽看在眼里，心中明白，她忙中偷闲，逗着小孩子说："小朋友，叔叔给你让了座儿，你还不谢谢叔叔。"一语提醒那位妇女，连忙拍着孩子说："快谢谢叔叔，快谢谢叔叔。"那小伙子听到"谢谢叔叔"时，连声说："不客气。"

小丽不过说了最简单的几句话，却产生了这么大的魔力，秘诀就在于她能够通过察言观色聆听出他人的心理需求，这里的聆听并不只是单纯地"听对方的言语"，还需要"聆听"对方的非语言暗示。小丽通过"聆听"对方的非语言暗示，了解到对方的心理需求，恰到好处地说出几句话，句句都说在对方心坎儿上。

19世纪，在奥地利的维也纳，妇女们喜欢戴一种高高耸起的帽子。她们进剧场看戏也不愿将帽子脱下，以致后排的观众被挡住视线。这些后排的观众纷纷去找剧场经理提意见，于是，经理就上台请在座的女观众脱帽，然而说了半天妇女们也不予理睬。最后经理又补充了一句话："那么，这样吧，年纪大一点的女士可以照顾，不必脱帽。"这句话一出，全剧场的女士竟齐刷刷地把帽子脱了下来。

虽然，妇女们并没有发表任何意见，但她们的行为却透露出这样的信息"戴着高高耸起的帽子是为了使自己变得年轻美丽"，剧场经理"聆听"出了她们的心理需求，针对其心理，说出这样的话"年纪大一点的女士可以照顾，不必脱帽"，暗示出"如果你觉得自己年纪比较大，那就别脱帽吧"，一句话说到了妇女们的心坎儿上，她们纷纷脱下了自己的帽子，因为谁也不想承认自己年纪大。

在沟通过程中，我们需要积极地聆听，让对方尽可能地传递出更多有效的信息，以听出对方的兴趣点，这样我们才有机会把话说到对方心坎儿上，从而影响其心理，最终赢得对方的信任。

1.表示理解

有时候，即使我们不能认同对方的做法，也需要表示出理解"您说的很有道理，我非常理解您""谢谢您，如果我站在您的位置，也会有与您一样的想法”。话说到了对方心坎儿上，他会不自觉地受你影响。

2.维护对方的自尊心

美国著名的哲学家詹姆斯曾经说过：“人类天性的至深本质就是渴求为人所重视。”当对方的表述有些偏颇的时候，我们需要维护对方的自尊心，尽量以委婉的表达方式传递这样的信息“您说得非常有道理，但我相信，每个企业，毕竟都有它存在的理由。”

3.具体而新颖的赞美

每个人都渴望别人的赞美与认同，当我们察觉出对方有这方面的心理需求的时候，需要给予具体而新颖的赞美之词，比如“您的声音真的非常好听”、“听您说话，我就知道您是这方面的专家”、“跟您谈话我觉得自己增长了不少见识，谢谢您了”。这些恰到好处的赞美会触动对方内心，继而赢得对方的信任，最终达到影响对方心理的目的。

用言语触碰对方“软肋”，令其降服于你

软肋原指胸腔的肋骨，这一部位容易被他人攻击，后来用作形容事物的缺陷、弱点等容易发生问题或遭受破坏的地方，同时，也指一个人的痛处、小辫子、脆弱点，等等。事实上，每个人都有致命的弱点，有可能是贪图金钱，有可能是刚愎自用，有可能是曾经的痛处。假如我们能够在沟通时用言语适当地触碰对方的这些“软肋”，他就会因为心理防线被瓦解而降服于你。“软肋”是一个很好的利用工具，任何人都不想自己的软肋被击中，一旦最薄弱的地方都击垮了，那他还有什么不能答应的呢？当然，“软肋”并不是随便可触碰，需要拿捏好一个“度”，适当地触碰会令其心理发生变化，相反，稍微过分，对方就有可能会逼急而“跳墙”。

某广告公司策划了一次宣传活动，为了给宣传活动造势，他们打算请一

位明星来代言。但是，明明已经签订了合约的经纪人却以档期已满为理由拒绝出席此次宣传活动，眼看宣传活动马上就开始了，广告公司不得不放出狠话："如果现在咱们不能达成协议，新闻界就会坚持把整件事情的内幕刊登出来，到了那个地步，我也不知道怎样才能合法地把新闻压制下去，对此，你有什么高见呢？"

利用对方的"软肋"给予适当的压力，这会令对方更容易作出决定，他会在压力之下不得不答应你的请求。如果我们想影响他人的心理，我们必须首先了解对方这个人。最关键在于了解其软肋所在，在他们心中有何种欲念，有什么样的性格特征。然后，我们再根据对方的性格，寻求其弱点，用他们的喜好去引诱他们，这样我们就可以支配其意志，达到影响其心理的目的。

20世纪80年代，我国曾与突尼斯SIAP公司的商务技术代表关于在我国兴办化肥厂的有关事项进行谈判。中突双方都非常重视这个建设项目，双方完成了可行性研究报告，经有关人员反复论证，选择了具有优越港口条件的秦皇岛市作为建厂地点。可行性研究报告刚刚结束，科威特石油化学公司得此消息，便立即表态，愿参与此项目，与中方合资办厂，并派出了谈判代表。

可是，出乎意料之外，在谈判刚一开始，对方听了我方介绍完该项目的前期工作，就表示："厂址选在秦皇岛不合适，你们所做的一切工作都是毫无用处的，要从头开始！"这话无异于晴空霹雳，谈判陷入僵局。我方一名代表却猛地起身发言："我们为了建设这个化肥厂，安置了……看来这事项要无限地拖延下去了，那我们也只好把这块地让出去！对不起，我还有别的事情需要料理，我宣布退出谈判，今天下午我等候你们最后的决定！"三十分钟后，情势急转直下，对方表态："快请代表先生回来，我们强烈要求迅速征用秦皇岛的厂地！"

谈判最终取得成功的秘诀在于，我方代表抓住了对方的"软肋"，他不敢真正地舍弃秦皇岛这个占据优势的地理位置，当我方代表说"那我们只好把这快地让出去了"的时候，一下子击中了对方的要害，令其不得不降服于自己。

在人际交往中，我们要善于抓住对方的"弱点"，即软肋。在某些时候，只要抓住了对方的这些弱点，就会使他们不得不听命于你的安排。当然，当我们想办法抓住对方软肋的时候，还应该避免对方抓住自己的软肋。

1.用语言巧妙暗示

即使你清楚对方的软肋在哪里，也不要直接说出来，而是通过语言巧妙暗示，否则有可能会激怒对方，比如“你也知道，如果我把这些照片交给你夫人或者你的上司，后果肯定……”暗示对方你已经抓住了“软肋”，逼其就范。

2.“如果你不怎么样，那么后果将会很严重”

既然已经抓住了对方的软肋，就要向对方施加一定的压力，这样才会有效地影响对方心理。换句话说，你应该说清楚如若不答应将产生什么样的后果，比如“如果你不及时采取行动，到时候我可控制不了事态的蔓延”，施加一定的压力，达到操控其心理的目的。

3.孤注一掷，发出最后警告

有时候，对方希望通过威胁来达到自己的目的，但事实上，他并不能真正地割舍那部分利益。面对对方这样的心理，我们应该将计就计，孤注一掷，发出最后警告“那我们实在没有办法，看来只好与下面一家公司签约了，今天我有事先告辞了，希望你尽快给我答复”。如此将计就计，他难道还不降服吗？

第 07 章 妙语解围，懂心理让你更能轻松化解尴尬

致歉要诚恳而巧妙，怨气才能化解

俗话说：“智者千虑，必有一失。”一个人再聪明，再能干，也总有失败犯错误的时候。著名军事家孙子曾说：“过也，人皆见之；更之，人皆仰之。”在日常生活中，我们都不可避免地会做错一些事情，但是，做错了事情并不可怕，只要能够及时认识到错误并改正错误，及时向对方诚恳地道歉，这样就会化解矛盾，缓解笼罩在彼此之间的怨气。与人交往，有可能会说错话，有可能会做错事，这就难免会得罪他人，使原有和谐友好的人际关系有了裂痕。但是，在错误发生之后，如果我们能及时道歉，主动承担责任，一般情况下，是能够得到对方的原谅的。当然，假如你发现自己错了，却不愿意道歉，甚至处处找借口为自己辩解，这样的结果不仅得不到朋友的谅解，反而还会受到道德上的谴责。因此，我们不能小看了道歉的作用，而且，我们还需要学会有技巧地道歉，这样才能赢得对方的谅解。

从卡耐基家步行一分钟，就可以到达森林公园。因此，卡耐基常常带着一只叫雷斯的小猎狗到公园散步。因为他们在公园里很少碰到人，又因为这条狗友善而不伤人，所以卡耐基常常不替雷斯系狗链或戴口罩。

有一天，他们在公园遇见一位骑马的警察，警察严厉地说：“你为什么让你的狗跑来跑去而不给它系上链子或戴上口罩？你难道不知道这是违法的

吗？”“是的，我知道。”卡耐基低声地说，“不过，我认为它不至于在这儿咬人。”“你不认为！你不认为！法律是不管你怎么认为的。它可能在这里咬死松鼠，或咬伤小孩，这次我不追究，假如下次再被我碰上，你就必须跟法官解释了。”警察再次提出了警告。

卡耐基照办了，可是，他的雷斯不喜欢戴口罩，他也不喜欢这样做。一天下午，他和雷斯正在一座小坡上赛跑，突然，他看见那位警察大人正骑在一匹棕色的马上。卡耐基想，这下栽了！他决定不等警察开口就先发制人。他说：“先生，这下你当场逮到我了。我有罪。你上星期警告过我，若是再带小狗出来而不给它戴口罩，你就要罚我。”“好说，好说。”警察回答的声调很柔和，“我知道没有人的时候，谁都忍不住要带这样一条小狗出来溜达。”“的确忍不住。”卡耐基说道，“但这是违法的。”“哦，你大概把事情看得太严重了，”警察说，“我们这样吧，你只要让它跑过小山，到我看不到的地方，事情就算了。”

在这个案例中，卡耐基使用了一个口才心理策略，那就是先发制人，率先批评自己，这使对方有一种被尊重的感觉。因为，当卡耐基一个劲儿地责备自己的时候，警察已经呈现出宽容的态度。如果我们免不了会受到责备，为什么不自己先认错呢？至少，谴责自己总比挨别人批评好受得多。当你清楚地知道对方将准备责备你的时候，不妨先把对方责备你的话说出来，这样一来，对方一定会以宽大、谅解的态度来对待你。

诚恳而巧妙地道歉，能够挽救友谊危机，化解尴尬气氛，继而巩固友谊，推进新的人际关系的发展。不过，道歉也是需要技巧的，比如，温斯顿·丘吉尔对亨利·杜鲁门的第一印象十分不好，后来他告诉杜鲁门，自己曾一度严重地低估了他。他仅用了一句高明的恭维话表示了自己的歉意。

1.道歉用语

诚恳的道歉需要适宜的道歉用语，比如“对不起”“请原谅”“很抱歉”“请你转告王先生，就说我对不起他”“对不起，是我的错”“我错怪你了”“不好意思，给你添麻烦了”，等等。

2.把握道歉的最佳时机

当你发现自己说错了话或者做错了事情的时候，就需要及时地道歉，道歉越及时越有效果，我们很难想象在几十年后才说“对不起”会发生什么事情。当然，道歉的最佳时机还应该选在双方都心平气和的时候，在对方情绪比较好的时候，他更容易接受你的道歉。

3.先批评自己

道歉并不是等对方的责备已经来了再道歉，这时候你已经激起了对方的怒火，因此，我们需要先发制人，率先批评自己，这样对方就不好意思再责备你了，而且，也会宽容地谅解你的错误言行。

4.巧借物传情

如果直接道歉不太适合，可以选择打个电话或写封致歉信，也可以请一位彼此信任的朋友或同事代为转达歉意。等对方心情平复之后，再登门致歉赔礼。

把僵局打破的往往只是几句话

在日常交际中，人们常常因固执己见而争论不休，因为一句不适当的话而冷场，或者因为突发状况而形成难堪情境等，各种原因都会造成僵持的局面，难以缓和的气氛横亘在交流双方之间，整个场面就如同冰山一般冷了。这时候，作为当事人或者局外人，需要适时地说几句话来打破僵局，化解尴尬的气氛，使交流得以正常地进行下去。其实，生活中难免发生一些猝不及防的意外事情，这会让当事人遭遇尴尬或不快，甚至引发不必要的麻烦，轻则令人恼心，重则在心里结下疙瘩。这时候，如果利用突发事件与语言之间的玄妙之处进行机智地解答，就会使当事人转忧为喜，也会使整个紧张气氛得以缓解。峰回路转，只需要三言两句就打破了僵局，通过语言影响他人心理，为大家营造愉快的气氛。

有一次小娜和几个同事一起去参加省里的业务考试，当她们走进考场时，只见阿梅的桌子上钉有三颗大钉子，且凸出很高。不难想象，这不仅会刮衣服，同时也会影响答题的速度。阿梅一脸的怒气要求监考老师换桌子，可监考老师说："现在不能换，别违反考场纪律！"阿梅气得柳眉倒竖，连说："真倒霉，不考了。"小娜见了连忙说："有几颗钉子算什么！"阿梅说："你说得轻松，这可是三颗钉子，躲都躲不过去呢！"小娜说："你太幸运了，我还求之不得呢！"阿梅说："你别拿我开心了，这么倒霉的事要让你碰上，你还能说幸运？"小娜说："你知道这三颗钉子说明了什么吗？这叫板上钉钉！说明你今天的三科考试铁定都能过关。"阿梅听后马上转怒为喜："借你吉言，我要是三科都及格了就请你吃饭。"结果一个月后发布成绩，阿梅果然三科都顺利过关。

本来桌子上有三颗大钉子是令人生气的，更何况还需要坐在这里考试？这时候，小娜为了打破僵局，在阿梅气恼成怒的时候，将"板上钉钉"的俗语与考试联系了起来，积极的联想，冒出吉言"三科铁定都能过关"，这话正好说到了阿梅的心里。于是，僵化的气氛化解了，阿梅在小娜的吉言下获得了好成绩。

在日常交际中，如何利用三言两语打破僵局呢？

1.幽默解说

在交际场合，过于严肃和枯燥的气氛往往不被人们所接受，这时候就需要用幽默的语言把它变得灵活些、有趣些。有时候，一个敏感的问题就使整个场面僵掉了，甚至妨碍了正常交际的进行，这时候就可以通过幽默的解说将问题诙谐化，打破僵局，使交际得以顺利进行。

2.强调问题的合理性

有时候对方可能是因为在特定的场合作出了不合时宜、不合情理的举动，这令旁人看起来很费解，导致了整个局面的僵持，这时候我们就需要自己找一个角度或借口，强调对方行为的合理性，这样就能打破僵局，缓解气氛。

3.利用谐音打破僵局

有一个火车司机的车牌号码是“16444”，亲戚朋友都说这个数字不吉利，车主一下子无言以对，这时候，有人却说“大爷，你这个号码好，它们可以理解为‘多拉发发发’，只要你多拉货，就一定能发财”，利用谐音打破了僵持的局面。

4.逆向思维

面对突如其来的尴尬局面，当事人无可奈何的时候，我们可以跳出固定思维，从问题、事情的反面去思考，做出让双方都满意的解释，打破本来僵持的局面。

巧妙打圆场，帮他人夺回面子

中国人素来爱面子，尤其是在人际交往中，更是处处怕失了面子，这也是中国人的普遍心理。但人们在处理人际关系的时候，也会因经验或能力的不足而面临尴尬的局面，或与客户争吵，或被上司批评，或被同级嘲笑等，此时，他们都希望能保住面子，保持尊严。此时。如果我们能巧妙地打圆场，帮对方找到一个台阶，从而让他摆脱难堪的局面。那么，对方一定会从心底感激我们。

老诗人严阵和一位青年女作家访问美国，在一所博物馆广场散步时，恰巧有两位美国老人在旁休息，看见中国人来，他们很热情地迎上来交谈。其中一位老人为表达对中国人的感情，热烈地拥抱那位女作家，并亲吻了一下，女作家十分尴尬，不知所措。另一位老人也抱怨那老人说，中国人不习惯这样，那拥抱过女作家的老人像犯了错误似的呆立一旁。老诗人严阵赶快上前微笑着说：“呵，尊敬的老先生，你刚才吻的不是这位女士，而是中国，对吗？”那老人马上笑道：“对，对！我吻的是中国！”尴尬气氛在笑声中烟消云散了。

老诗人严阵的一句打圆场的话，解除了因错误亲吻而带来的尴尬。而从这个犯错的外国老人的角度看，他一定也从心里感激严阵给他的这个台阶。而所谓打圆场，是指交际人双方争吵或处于尴尬处境时，由第三者出面进行调解的一场方法。打圆场运用得好，有利于打破僵局，解决问题，还可以融洽气氛、消除误会、缓和矛盾、平息争端、联络感情。

可见，交际中遇到的尴尬的场面时，做到审时度势，准确把握双方的心理，然后运用说话技巧，借助恰到好处的话语及时出面打圆场，化解尴尬，维护交际活动的正常进行，就显得十分重要和宝贵，也确实是十分必要和值得重视的。

那么，我们在交际中，怎样才能不失时机地打好圆场呢？

1.找个借口，给对方台阶下

有些人之所以在交际活动中陷入窘境，常常是因为他们在特定的场合做出了不合时宜或不合情理的事，于是就进一步造成整个局面的尴尬和难堪。在这种情形下，最行之有效的打圆场的方法，莫过于换一个角度或找一个借口，以合情合理的解释来证明对方有悖常理的举动在此情此景中是正当的、无可厚非的和合理的，这样一来，对方的尴尬解除了，正常的人际关系也能得以继续下去了。而我们在无形中也多交了一个朋友。

2.侧面点拨

即不作直言相告，而是从侧面委婉地点拨对方，使其明白自己的不满。这一技巧通常借助于问句的形式表达出来。如：

小李与小王是一对好朋友，彼此都视对方为知己。有一次，本单位的青年小张对小李说："小李，我总觉得小王这小子为人有点太认真了，简直到了顽固的地步，你说是不是？"小李一听小张的话顿生反感，心想：你这小子在背地里贬损我的好朋友缺德不缺德？但他又不好发作，于是假装一本正经地说："小张，我先问你，我在背后和你议论我的好朋友，他要是知道了会不会和我反目为仇？"小张一听这话，脸"刷"地一红，不吭声了。

这里，小李就使用了委婉点拨的技巧。面对小张的发问，他没有直接回答

“是”还是“不是”，而是话题一转，给对方出了个难题，而这个难题又正好能起到点拨对方的作用，既暗示了“小王是我的好朋友，我是不会和你合伙议论他的”，又隐含了对小张背后议论、贬损小王的不满。同时，由于这种点拨较委婉含蓄，所以也不致让对方太难堪。

3.审时度势，让各方都满意

有时在某种场合中，当交际双方因彼此不满意对方的看法而争执不休时，很难说谁对谁错，作为调解者应该理解争执双方此时的心理和情绪，不要厚此薄彼，以免加深双方的误会，并对双方的优势和价值都予以肯定，在一定程度上来满足他们的的自我实现心理，在这个基础上，再拿出双方都能接受的建设性意见，这样就容易为双方所接受。

4.转移话题，制造轻松气氛

当尴尬或僵局出现时，有些人由于情绪上的冲动，往往会在一些问题上互不相让。在打圆场时，不妨岔开他们的话题，转移他们的注意力。

在交际场合中，如果某个较为严肃、敏感的问题弄得交谈双方都很对立，甚至阻碍交谈正常顺利进行时，我们可以暂时让它回避一下，通过转移话题，用一些轻松、愉快的话题来活跃气氛，转移双方的注意力，或者通过幽默的话语将严肃的话题淡化，使原来僵持的场面重新活跃起来，从而缓和尴尬的局面。

如朋友之间为了某个问题争得面红耳赤，僵持不下时，可以适时说一句“要把这个问题争得明白，比国家足球队赢球还难”；或者说一个笑话，让双方的情绪平缓下来，在轻松的气氛中让尴尬消逝殆尽，使交际活动得以顺利进行。

有时候当人们因固执己见而争执不休时，造成僵持局面难以缓和的原因往往已不是双方的看法本身，而是彼此的争胜情绪和较劲心理在作怪。实际上，对某一问题的看法本身常常并不是固定不变的常数，随着环境的变化和角度的转移，不同乃至对立的看法可能都是合理和正确的，因此，我们在打圆场时要抓住这一点，帮助争论双方换一个角度来看待争执点，灵活地分析问题，使他们认识到彼此看法的相对性和包容性，从而让双方停止无谓的争论。

总之，打圆场是一种语言艺术，但打圆场必须从善意的角度出发，以特定的话语去缓和紧张气氛，调节人际关系，而从我们自身来说，掌握交际双方的心理，运用说话技巧，帮人夺回面子，也可以使我们在交际场合左右逢源。

缓和气氛，先让矛盾双方适度降温

人与人之间相处，常常因为利益、立场、观点、地位的不同而处于相互对立的位置上，这个时候说话难免会有中伤与被中伤的情况。而相互攻击、相互中伤的时候气氛难免会紧张，这个时候要学会使用语言上的一些技巧，使气氛慢慢缓和，这样就能让双方避免感情用事使对话进入死胡同，从而使双方的关系不至于弄僵。

当然，不只是幽默才具有缓和气氛、解除紧张关系的作用。如果两个人之间的矛盾刚刚发生，或是已经过去了一段时间，那该怎么办呢？下面这一则故事中的伊丽莎白会告诉你。

伊丽莎白和约翰是兄妹俩，在感恩节这一天，他们为了两星期前一件微不足道的小事吵了起来，而且升级为一场大战。现在，他们彼此见面都不说话，但伊丽莎白还是想和哥哥和解，于是伊丽莎白就主动给哥哥打电话说："哥哥，我是伊丽莎白，我想抱歉地对你说一声'对不起'，那天全是我的错。你知道，我一直很尊重你。那天我昏了头，想都没想就和你大吵大叫了起来，你能原谅我那天愚蠢的行为吗？"约翰说："当然，伊丽莎白。那天也不全是你的错，我也感到很抱歉。"

你看，约翰已经知道了不全是妹妹的错。当伊丽莎白主动揽过所有的责任时，她就已经显示出了她的示弱、承诺和诚挚，这也就迫使她的哥哥约翰不得不检讨自己在这场争论中的责任。如果伊丽莎白将这场争论的部分责任归在约翰的身上，那她极有可能激怒对方，并使两个人之间的冲突升级；而伊丽莎白聪明的解决方式有效地解除了对方的戒备之心，并很快地就缓和了双方紧张的气氛，使两人的关系顺利地走上了和平之路。

有时候，领导在与人交流过程中会出现僵局，双方都坚持己见，相持不下。如果出现这种情况，作为一个优秀的领导应努力保持冷静，设法缓和谈话气氛，或改变话题，甚至可以终止谈话，待以后再进行，当然只是暂时的停止。

要打破僵局、缓和气氛并不是一件容易的事情，这要求领导者不仅要具有智慧，而且还应要有涵养和风度，不要怕被拒绝，想方设法与对方建立心理相容关系，缩小或消除双方之间在心理上的距离。具体做法如下：

1.揽过全部责任

为自己或为某种僵局承担起全部责任而不是指责对方，那你就掌握了迅速打开恢复双方关系大门的钥匙。

人们常犯的一个错误就是，总是随意地批评对方："你做的事情让我很失望……"或者"原本我就觉得那样做不对……"记住，不要因为他或你的任何行为而去责怪对方，不要刻意降低自己在错误中应该承担的责任。

向对方解释你所作所为的严重性，不要指望把双方的责任分得那么清。如果有必要，你可以有意识地夸大自己应该承担的那部分责任，你身上的责任越重，或你把自己的问题说得越严重，对方对你也就会越宽容。这样一来，紧张的气氛自然就会得到缓和，为矛盾的进一步解决营造了良好的氛围。

2.请求原谅

诚恳地请求对方原谅，让对方处在一个主动的位置上，这是你必须要做的弥补错误的一部分，这样才有可能巩固你和对方和平相处的战略。

3.主动示好

通过赠送对方一件或轻或重的私人礼品，你就向对方表明了立场：为了确保你们的良好友谊，你已经花费了许多的心思、时间和精力。

巧妙补救失言的四个技巧

“人有失足，马有失蹄。”在交际过程中，无论凡人名人，都免不了发生言语失误，虽然其中原因有别，但它造成的后果却是相似的，或贻笑大方，或纠纷四起，有时甚至不堪收场。

经验不足的人碰到这种情况，往往懊恼不已，心慌意乱，越发紧张，接下去的表现更为糟糕。如果我们能来个将错就错，借题发挥，把错话说“圆”，则可以轻松地摆脱窘境。言多语失时，最重要的就是要镇定自若、处变不惊，飞速地转动大脑思考弥补口误的方法。

在实际生活中，遇到失言的情况，有四个补救的小技巧可供参考。

1.改义法

这种方法就是在错话出口之后，能巧妙地将错话续接下去，最后达到纠错的目的。其高妙之处在于，能够不动声色地改变说话的情境，使听者不由自主地转移原先的思路，不自觉地顺着自己的思维走，随着自己的语言表达而产生情感波动。

在一次婚宴上，来宾争着向新人祝福。有一位女士激动地说道：“走过了恋爱的季节，就步入了婚姻的漫漫旅途，你们现在就好比是一对旧机车……”其实她本想说“新机车”，却一时口误，霎时举座哗然。这对新人的不满更是溢于言表，因为他们都是各自离异、历尽波折才成眷属的，自然以为刚才之语隐含讥讽。那位女士发觉言语出错，连忙住口。她的本来意思是要将一对新人比做新机车，希望他们能够少些摩擦，多些谅解。但语既出口，若硬改过来，反而不美。她马上镇定下来，不慌不忙地补充了一句：“你们现在就好比是一对旧机车装上了新的发动机。”此言一出，举座称妙。继而，她又深情地说道：“愿你们以甜美的爱情为润滑油，开足马力，朝着幸福美满的生活飞奔吧！”餐厅顿时掌声雷动。

2.引申法

迅速将错误言辞引开，避免在错中纠缠。比如可以接着那句失误的话说：“我刚才那句话还应作如下补充……”然后根据当时的情境，作出相应的发挥，这样就可将错话抹掉。

一次，上海东方电视台著名节目主持人袁鸣应邀到海口市主持“狮子楼京剧团”建团庆典。由于去得匆忙，一上场，袁鸣就闹了个口误：“现在我荣幸地向大家介绍光临狮子楼京剧建团庆典的各位来宾……今天参加庆典的有……海南师范学院党委书记南新燕小姐。”这时，台下缓缓站起一位白发苍苍的老教授！咦，小姐变成了老翁！全场沉寂之后是一片哄笑……

可袁鸣自有妙招：“对不起，我这是望文生义了——不过，南教授的名字实在是太有诗意了。一见到南新燕三个字，我立刻想起两句诗：‘旧时王谢堂前燕，飞入寻常百姓家。’这南飞的新燕是一幅多么美丽的图画！就像我们今天的情景：京剧一度是清末的宫廷艺术，是流行于我国北方的戏曲，但是现在已经从北方流传到南方，跨过琼州海峡，飞到海南……这又是一幅多么美妙的图画啊……”

话一说完，顿时掌声，欢呼声四起。

袁鸣“口误”引起哄笑，当然先要道歉，但道歉之后并没有“服输”，而马上立意，快速完成了新的命题构思——浓墨重彩描绘了两幅画面：一是古诗之画，意在赞美老教授名字寓有诗意；二是现实之画，扣住京剧历史的话题，紧密联系“狮子楼京剧团”建团庆典的现场语境，天衣无缝，显示了一个主持人临场发挥的功力。

3.移植法

这种方法就是把错话移植到他人头上。比如说，“这是某些人的观点，我认为正确的说法应该是……”这就把自己已出口的某句错误纠正过来了。对方虽有某种感觉，但是无法认定是你说错了。

赵峰是上海人，就读于复旦大学，本科毕业直读硕士，硕士毕业以后找到了一个很不错的工作。一次，赵峰和小刘一起去吃饭，席间说到上海的交通问题，在上海土生土长的赵峰顺口发表评论："上海这几年交通恶化实在是因为外地来的大学生太多，都说应该实行严格户口制度，二三流大学的家伙就不要再给他们机会了。"说完之后，他立刻意识到，小刘本人就是二流学校毕业，从四川到上海来发展的，于是他连忙补救道，"当然，这是少数人的说法，这种说法太片面了，任何学校都有优秀的毕业生，而上海市的建设与发展，也离不开在上海的各地人的共同努力。"

4.转移法

巧妙地转移话题和分散别人的注意力。说错了话，要学会巧妙地转移话题，化解尴尬场面。比如用幽默或玩笑的方式转移目标，把紧张的话题变成轻松的玩笑等，也可以巧妙地运用"挪移"手法，把别人的注意力吸引到其他方面。

一位老师普通话不过关，有一次上语文课，讲到某一问题要举例说明时，把"我有四个比方"说成了"我有四个屁放"，一时教室里像炸开了锅，学生笑得不可收拾。老师灵机一动，吟出一首打油诗："四个屁放，大出洋相，各位同学，莫学我样，早日练好普通话，年轻潇洒又漂亮。"老师的机智幽默赢得了学生的热烈掌声。

这位老师四两拨千斤，一首打油诗，就把自己的口误，变成了对同学的激励，同学们在反思之余，自然就不会再把"四个屁放"当乐子了。

在社交中，发生口误在所难免，此时不管你是一味发窘还是拼命掩饰，都会使事情更为糟糕。这时候要稳住心神，以上面四个小技巧为基点，积极寻找适当的补救方法。但这关键是要看一个人的应变能力，应变能力反映一个人的机智和修养。当然，应变能力是以人生经验为基础的，只有多次实践，并总结经验，才能变得聪明老练。

第08章　三思而言，懂心理让你顺利避开说话雷区

慎言办公室敏感话题

作为职场女性，最好是少说话为妙，以避免言多有失，祸从口出。虽然，有时候那些不善言辞、沉默寡言的女人固然给人一种不合群、孤僻的感觉，但与那些整天喋喋不休的女人比起来，后者更令人讨厌。办公室是个极其微妙的地方，它看似表面平静如水，实则暗藏着不少看不见的利器。因此，作为一个职场女性，说话要有分寸，要知道哪些话可以说，哪些话不能随便乱说。而会说话的女人即便是善于言谈，也要懂得适可而止，该保持沉默的时候就要保持沉默，更应该小心避开那些办公室的敏感话题。

有句话叫做“祸从口出”，职场女性要学会谨言慎行，平时在与同事的交往中一定要把好口风，什么话该说，什么话不该说，什么话可以信，什么话不可信，这都需要“三思”，在大脑里多绕几个圈子，心中有个衡量，这样才能与上司、同事和谐相处，避免犯下不可挽回的错误。办公室里都是人多的地方，自然而然就会有闲言碎语，有时候，你可能不小心冒出一句话而得罪了同事；有时候，你也可能无意中成为别人攻击的对象。对于每一个职场女性，一定不要在背后说人闲话，这是职场大忌。

总公司的销售经理王乐最近才到分公司来指导工作，与下面的同事都还不是很熟悉。因此，她为了与同事之间建立融洽的关系，有助于进一步完成自己

的工作，她在来公司的一个周末就邀请同一个部门的同事一起吃饭。

大家在吃饭的时候，不知道是谁无意间谈起来了一位刚刚离职的副总经理张慧，入职不久的小李心直口快地说张慧脾气不好，经常无故对下属发脾气，很难相处。王乐这时候，插了一句：“是吗？是不是她的工作压力太大造成心情不好？”小李撇撇嘴，说：“我看不像是工作压力大的原因，三十多岁的女人嫁不出去，既没有结婚的兆头也没有男朋友，老处女都是这样的，显得有点心理变态。”说完，一个人笑了起来。可是，在座的同事听了小李的话，刚才还争相发言的同事都闭上了自己的嘴巴。因为，除了入职不久的小李，那些很多在座的老员工可都知道，王乐也是一位还没有结婚的老姑娘。这时，好在一位同事及时转换话题，才抹去了王乐隐隐的难堪。

饭后，小李从老员工那里得知了事情的真相，不禁为自己那句话悔青了肠子。

心直口快的小李并不是有意去揭他人的伤疤，她内心里根本就没有这样的想法。但是由于自己又是一个职场新人，对公司的很多情况都不了解就开始随便说话，这就会无意中伤害到身边的同事，进而也会对自己的职场生涯发展极为不利。

聪明的女人，要学会小心避开那些办公室的敏感话题，远离那些流言蜚语，远离那些办公室绯闻，远离是非之地。因为一不小心，你就会成为其中的一员，当麻烦引上身，祸乱来临，你才会追悔莫及。所以，当你踏进办公室的时候，就需要了解哪些问题是不该问的，哪些话是不该说的，这样才会有备无患地在职场中应付自如。为了能让聪明的女人小心避开那些办公室的雷区，下面我们就简单地介绍几个常见的办公室敏感话题。

1.家庭财产之类的话题

有的职场女人太坦率了，遇见关系不错的同事就会把自己的家底全部显露出来，或是谈论自己刚刚在郊区买了房子，或是自己利用假期去国外旅行了。当你在滔滔不绝地进行谈论的时候，也许你心里正洋溢着无尽的骄傲和自豪，其实这些关于你自己家庭财产之类的话题没有必要拿到办公室来炫耀。因为这些快乐，分享的圈子越小才越好，当你自认为自己很了不起的时候，小心旁边同事投来的嫉妒目光，甚至还容易招人算计。因此，无论你是显富还是哭穷，在办公室都会显得很做作，与其讨人嫌，不如知趣一点，不该说的话不要说。

2.薪水问题

很多公司会根据员工不同的情况来发放工资，这就造成了同事之间的工资会有所差别，而发工资的时候，老板都是各自联系，并叮嘱不让他人知道。于是，办公室里就会出现类似“包打听”的人物，他们总是千方百计地想知道你的薪水是多少。关键的一点是你千万不要向同事打听对方的薪水秘密，当同事向你打听的时候，你也要采取措施保护自己。当他把话题尽可能地向薪水问题上引时，你要尽早打断他的话，说公司有纪律不谈薪水。如果他已经问出口了，你也可以直接拒绝：“对不起，我不想谈这个问题。”这样，他就不会再问你第二遍了。

3.个人隐私话题

每个人都有个人隐私，职场女人就千万不要因为一时的情绪激动就向同事吐露你的心事，无论你是失恋了还是热恋了，都不要把情绪带到工作中来。在你身边的同事之中，他们有可能是你的对手，有可能是你的合作伙伴，但是即便是平时看上去很要好的朋友，也难免会有翻脸的一天。你的个人隐私暴露得越多，他知道你越来越多的秘密，就越容易把你击倒。职场女人要学会保护自己，把自己的个人隐私当成办公室话题的禁区。当然，“己所不欲，勿施于人。”你也千万不要去打听别人的隐私，即便是在下班休息之余，也千万别聊私人问题，也别在背后议论公司里的是非短长。

4.表露自己的野心

很多职场女性一遇到工作上的难题，就会抱怨连天，甚至在办公室大谈自己的理想。其实，你作为一名员工就是要尽心尽责地把自己的份内工作做好，而不是整天在办公室念叨“我要当老板”，你这样的宣言就很容易被上司当成敌人，或者被同事看成异类。因为每个人都有事业上的野心，但是这些壮志雄心的话还是回去跟家人或者朋友说，而不是说给同事们听。做人要放低自己的姿态，这才是自我保护的最好办法，你的价值更多地体现在工作效率、工作质量上，而不是说了多大的话上。

职场女性千万要切记，办公室本来就是一个是非之地。有可能仅仅因为一句话就有可能会引来一场是非，这对于自己的职场生涯也是极为不利的。所以，职场女性在办公室说话要讲究技巧，避开办公室敏感话题，该说的需要三思而后说，不该说的话千万不要随便乱说，以免给自己招来麻烦。

三缄其口，少惹事非

两千多年前，圣人孔夫子就说过：“乱之所生也，则言语以为阶。”意思是世间所有的纷乱都是因为说话不慎而产生的。日常生活中，人们也经常听到这样的告诫：“病从口入，祸从口出。”一不小心，可能只因为一句话的缘故说不定就会惹上麻烦，既伤了别人，又害了自己。所以，为人处世要谨言慎行，该说的要说，不该说的绝对不能乱说。只有这样，才能减少是非，独善其身。

这世上有三样东西一经出去就不能再返：一是离弦之箭，二是逝去的良机，三是出口之言。《圣经》也告诉人们：“多言多语难免有过，禁止嘴唇是有智慧。”这样的话说起来容易，做起来却并不简单。不当的言语对人心灵的伤害就如同尖锐的匕首，有的话语甚至比锋利的刀剑更加伤人，甚至会令别人一辈子都难以痊愈，此为伤人；不分场合地信口开河，随意夸大或者以讹传讹，就有可能令自己卷入是非，百口难辩，此为害己。所以，真正会说话的人是用大脑在说话，而不仅仅是嘴巴。

小雯即将大学毕业，她为人活泼伶俐，个性开朗，学习成绩优异，所以深得老师和辅导员的喜爱。但是毕业前的一次分组设计，竟然没有一人愿意与小雯搭档，实在大大出乎老师的意料。后来经过了解，才知道原来小雯虽然聪明伶俐，但是说话却口无遮拦、尖酸刻薄，几乎没有人能够受得了她。经过老师做思想工作，老实厚道的小华答应与小雯一组，共同完成毕业设计。

她们的专业是服装设计，这次的毕业设计就是设计一款服装，并进行市场调查。合作一开始，小雯好胜自负的性格就显露出来了，她坚决要求按照自己的想法进行，设计了一款旗袍式长裙。小华认为旗袍虽然好看，但是本身对女人的身材要求过高，再加上拖地式的后摆，实用性不强，很难得到大众的认可。小雯用蔑视的眼神看着她说："我看是有的人吃不到葡萄说葡萄酸吧。不要因为自己身材不好，不适合穿旗袍，就认为没人喜欢，没人能穿了。"身材矮胖的小华听了这话，气得脸色发青，眼泪直在眼眶里打转。随后不管小雯做什么决定，她都坚决不发一言。

设计交上去了，结果只得了良。老师的评语明明是"华而不实，不适合现实大众生活需求"，但是小雯却逢人便说："真倒霉，老师非要安排给我一个搭档。要是我自己一人弄的话，凭我的成绩，绝对不是现在这样的结果。"小华气得当场找她理论，小雯自然不肯承认是自己的过错，最后两人越说越僵，竟然动起手来。事情闹大了，学校领导了解了事情的原委后，对小华进行了批评教育，而对小雯则做出了警告处分。直到这时，小雯才后悔莫及，但事情已经晚了。

一个优秀的女孩就这样毁于自己的口舌之欲，实在令人可惜、可叹！可见言语不慎对于一个女人来说是一件多么危险而又愚蠢的事情。不经大脑思考、只逞口舌之快脱口而出的废话、错话和蠢话就如同一地散落的鸡毛，难以收场。若是造成不良后果再去后悔，早已追悔莫及了。

古往今来，因为管不好自己的嘴巴而招致灾祸的事例比比皆是，稍不注意就会导致杀身之祸，"韩信带兵，多多益善"便是一个极好的例证。现代社会或许不会动则杀戮，但是因为说了不该说的话或者说话不注意对象、方式而给自己带来不好的影响和结果的例子也屡见不鲜。若是仔细想想，或许每个人都能列举一两件这样的事来，可见这类现象在现实生活中并不少见。

聪明人，不揭人隐私

随着社会文明的发展、时代观念的进步，“隐私”一词越来越受到人们的重视。所谓“隐私”，顾名思义就是隐藏起来不愿意让他人知道的私人信息。在人际交往时，要学会尊重他人的隐私，不要随意揭露或者大肆宣扬，否则就是踏入了“雷区”，一不小心就有可能造成不可挽回的后果。

小娥与小倩从小就是好朋友，两人之间几乎无话不谈。小娥人长得漂亮，又聪明，但是不太爱学习，高中毕业后没考上大学，于是就南下广州打工了，而小倩却考上了北方的大学。两人一别四年。

小倩大学毕业后，回到老家在一个事业单位做了一名普通的职员。小娥也回来了，出落得越发迷人，并且还投资建了一个小工厂，生意十分红火，没几年就成了当地有名的女企业家。小倩嫁了一个小职员，而小娥却和当地副市长的儿子结了婚，两人的差距越发大，而小倩心中的落差也就更加明显了。于是她开始故意疏远小娥，而小娥却丝毫没有觉察，还时常送给小倩各种礼物。

有一次，小娥从美国回来，给小倩带了一瓶香水。小倩上班时喷了一些，同事闻了都说好闻。有人羡慕地说：“还是有个有钱有权的朋友好哇！”旁边有人接话：“那是，什么都不用自己买，还可以常常用名牌。”小倩的脸沉了下来。她把香水扔进抽屉。周围的人还在议论：“你说人和人怎么就不一样呢？从小一起长大的朋友，一个在天，一个在地。”“但这也不错，最起码大树底下好乘凉啊！”又有人酸溜溜地说。小倩气愤极了，她站起来大声说：“有什么了不起的！她有今天，不就是当年在广州傍了个台湾大款吗？否则怎么可能有钱开厂？”

所有的人都被这句话吸引了过来，缠着小倩说个仔细。小倩这时才觉察自己话说得有些过头了，急忙找了个借口离开了人群。但是这句话却像长了翅膀一样，立刻传遍了全城，更有人添油加醋，说得不堪入耳。小娥离婚了，工厂也最终倒闭了。小娥离开了家乡，不知所踪，但是临走前给小倩寄来一封信，里面是一把雪亮的匕首。小娥当场吓得昏死过去，醒来后就一直有些神经不太正常，整日害怕小娥会来找她报复。最后，老公受不了，提出了离婚。小倩后悔得肠子都青了，但是却已经太晚了。

一切都归咎于小倩随意说出了好友的隐私，最终导致两个好朋友有了这样的结局，真是令人扼腕叹息。因为好朋友的特殊关系，常常会知道一些别人所不知道的秘密，特别随着年纪的增长，有的人或许不会将秘密让父母、爱人知道，但是却会向好朋友敞开心扉。作为女人，更是乐于彼此之间交换秘密。那么为信任你的人保密，就成了你义不容辞的义务和责任。因为隐私一旦暴露，就再也没有私密性可言，不但隐私会变成大家茶余饭后津津乐道的谈资，被暴露的人也会成为众人的笑柄，从而造成心理上不可弥补的伤痕。且不管对方是否因怒生怨，做出一些伤害你的事情，单自己心灵上的愧疚与自责就会折磨得你彻夜难安。

1.尊重他人隐私

尊重他人的隐私实际上就是尊重他人的自由、尊严和幸福，同时也是尊重自己的尊严、人格和安宁。无论是有心还是无意，你都不要随意揭露他人的隐私。管好自己的嘴巴，就算无法将自己所知道的秘密从脑海中抹去，也要让这秘密永远烂在肚子里，做一个真正值得尊重和信任的人。

2.隐私是不能分享的

马克·吐温曾经说过：“每个人就像一轮明月，他呈现光明的一面，但另有黑暗的一面从来不给别人看到。”这“黑暗的一面”就是每个人的隐私。每个人总是乐于将快乐与人分享，将自己光辉、高大的一面呈现于人前，但是对于自己的伤痛、不快或者难以启齿的事情往往不愿让他人知晓，比如婚姻的破裂、事业的失败、感情的纠葛、生活的失意，生理的缺陷等。

既然不愿意让人知道，那么就要学会尊重他人的意愿，不要刻意探听、窥视他人的隐私，更不可传播或者议论他人的隐私，以此炫耀自己消息的“灵通”。这样的人不会为自己赢得尊重，反而会遭到唾弃。因为要想别人尊重自己，首先要学会尊重别人，而随意揭露他人的隐私就是对他人最大的不尊重。

并且还要记住，当你将别人的隐私展示于大众之时，就是将自己卑劣的灵魂暴露之际。

给他人面子就是成全自己

对于中国人来说，面子问题或许是人际交往中最重要的一个方面。项羽战败，为了保全颜面，竟不惜自杀，可见面子问题竟然比千秋霸业还要重要。而人与人之间的交恶，也往往出于面子问题。三国时，孙权替儿子向关羽求亲，关羽拒绝说："吾虎女怎肯嫁犬子乎？"令孙权大失颜面，怀恨在心，最后关羽被自己的盟友孙权所杀。历史上，因为逞一时口舌之快而引来灾祸的事实比比皆是，其原因并不在于双方有多么大的深仇大恨，而往往只是因为一方言语不慎，令对方感觉"很没面子"，最终反目成仇。在现代社会中，由于言语不慎令对方"丢面子"而造成龃龉的事情也屡见不鲜，所以聪明的女人一定要管好自己的嘴巴，给足对方面子，不要让对方"丢面子"，才能换来良好的人际关系，成为一个受欢迎的人。

20世纪30年代，美国经济大萧条。一个17岁的女孩好不容易找到了一份工作——在一家高级珠宝店做营业员。虽然工资不高，但是女孩非常珍惜这份工作，因为她必须依赖这份工作来贴补家用。

圣诞节前夕，珠宝店里的生意非常忙碌，女孩正在整理柜台上的戒指时，进来了一个中年男人，衣衫褴褛，满脸落魄，贪婪地盯着那些高级珠宝。

突然，电话铃响了，因为着急接电话，女孩一不小心碰翻了一个盛放珠宝的碟子，六枚精致的钻石戒指，瞬间全部落在了地上。女孩急忙俯下身寻找，但却只找到了五枚，第六枚怎么也找不到了。

这时，她看到那个男人正朝门口走去，顿时，她知道戒指在哪儿了。当男人的手即将触碰到门把手时，女孩柔和地喊了一声："对不起，先生！"男人转过身来，双方对视，足足有一分钟的时间，然后声音颤抖地问："什么事？"

女孩没有说话，男人的手不自主地伸进口袋，粗声粗气地再次问："什么事？"女孩低着头，神色黯然地说："先生，这是我的第一份工作。唉！现在这个年代，找一份工作可真难，您说是吗？"

男人不语，也低头沉思了良久，忽然一个温和的微笑浮现在他的脸上："是啊！的确如此。但是我可以肯定，你在这里一定会做得不错。"说着，男人向前走了一步，把手伸向女孩说："我可以为你祝福吗？"

女孩立即伸出了手，温柔地微笑着，紧紧握住了男人的手，用十分柔和的声音回答："也祝你好运！"随后，男人转身离开，女孩目送他的身影消失在大门外，然后转身回到柜台，轻轻放下手中的第六枚戒指。

那男人毋庸置疑是一个贼，但是女孩却用一种十分巧妙的方法保全了他的颜面，最后不仅找回了戒指，还得到了对方的祝福。试想一下，假如当时女孩不顾一切大喊起来，被逼得走投无路的男人说不定会做出什么穷凶极恶的事情，最后危及女孩的安全。所以无论什么人，心中都有善恶，都需要颜面，假如你能既指出对方的错误，又保全他人的面子，那么对方心中的善良就会被唤醒，就会用善意来回报你的好心，从而皆大欢喜。

1.忌尖酸刻薄之语

俗语说："蚊虫遭扇打，只为嘴伤人。"尖酸刻薄、讥讽嘲笑的语言是人际交往的大忌，揭人短处、曝人隐私更是令人深恶痛绝的行径。你不给别人"面子"，别人就会不给你"里子"，轻则撕破脸皮，当场大吵一架；重则记恨在心，日后伺机报复。这就叫做"以牙还牙，以眼还眼"，是人之常情，最后落得个两败俱伤。

2.给足他人面子，实际就是成全自己

"你敬我一尺，我敬你一丈"，也是人际交往中最寻常的一条准则。当你保全了他人的颜面，特别是在公共场合，给足了他人面子，别人也必定会铭记在心，感恩戴德，日后投桃报李，他给你的面子很可能会远远大于你所给他的面子。刘备三请诸葛亮就是一个很好的例证。因为刘备给足了诸葛亮面子，三顾茅庐请诸葛亮下山，所以诸葛亮自然也全心以报，不仅倾尽一生辅佐刘备，还辅佐了他的儿子刘禅，鞠躬尽瘁、死而后已。

聪明人说话要分清场合

聪明人懂得利用自己的身份和所在的场合让自己出口的话身价百倍，从而更被人重视，不看场合说话不仅仅让自己和他人遭遇尴尬，还可能被人看轻，使自己显得浅薄无知、不合群。想要受到欢迎，获得良好的人际关系，就必须针对所在的场合设计不同的话题和谈话方式，才更能突出交际效果。

1.不说不适合大众的话题

即使是闲聊性质的聚会，也不要只顾及一小部分人的感受，而不顾及在场的其他人士。比如很多婴儿妈妈喜欢谈论孩子的喂奶、洗尿布、生病甚至屎、尿、屁等话题，完全不管是不是在饭桌上。而有些女人，谈到尽兴时经常忘乎所以，忽略身边的男士，大谈内衣、身材、生理期保养等，不顾及男人或未婚女士会不会尴尬。事业型女人在私人沙龙大谈自己的事业或者对经济政治高谈阔论。

2.话题不要影响气氛

在某些以“庆祝”为主题的聚会，或者欢庆场合，最好不要谈及自己的疾病或者悲伤等不合时宜的话题；参加葬礼时万勿嬉皮笑脸；庆功宴上也最好不要论及曾犯下的错误，总之，即使你说的都是事实也不要逆全场气氛而发起话题，完全可以在其他场合再私下聊。

3.不同场合用不同说话方式聊不同话题

职场上多聊聊自己的工作和进度；商务酒宴上不妨在商言商；私人聚会多聊聊购物心得、化妆打扮或者电影、音乐、健身操等，但最好不要谈及“婆婆经”和一些家务事；一些女人沙龙最好就主题发起谈论，如果没有主题，红酒、品茶、客厅布置、旅游等都是很好的话题。再者，和家庭主妇最好用通俗易懂的语言，深入浅出，能使人听懂；和小资女最好用一些深沉的论调和雅致的语言；和时尚女人，可以多用时髦点的词句。有次，几个白领人士和待孕妈妈谈起“神马都是浮云”，结果，她们自己的话直接成了“神马、浮云”。而且让本来就是大龄未孕的妈妈兴起了出去工作代替调养身体的念头，造成家庭矛盾。

4.充分利用特定的场合

同样一句话，在不同的场合说有不同的效果，“二战”期间，英国首相邱吉尔会见罗斯福，要求美军出兵共同抗击法西斯。当他清晨在浴缸里津津有味地抽雪茄时，罗斯福总统不小心误闯进来。丘吉尔急中生智，立刻利用这个场合乐呵呵说道：“总统先生，作为英国首相，在您面前我可是开诚布公、毫无隐瞒了。”这句话不但缓解了尴尬，更重要的是充分利用了这次“坦诚相见”表明了自己的毫无遮掩，换个场合这句话肯定不会有这样好的效果。

克林顿在竞选总统的电视辩论中，没有坐电视台提供给的高椅子，在这种不用直接面对选民的场合当中仍然保持对观众的尊重使他显得更加彬彬有礼，赢得了选民和电视观众的好感。换个场合或许没有什么，越在看不到的地方越保持对人的尊重和赞扬，越容易获得他人好感，这就是利用场合的技巧。

聪明人在与人交往中，必须要把交往的对象、场合、时间等多种因素都考虑进去，才能不失礼数，又使你的语言获得更好的表达效果。

第09章 面对上级，懂心理让你更容易博得领导认可

坦诚相告获得领导理解与支持

职场中，有那么一些人，即使他遭遇苦难，他熠熠闪光的精神也会让周围的人肃然起敬，因为他坦诚；也有那么一些人，即使爬得再高，也为人不齿，因为他品质很差。对于领导也一样，没有领导喜欢那些华而不实的下属。的确，如果我们能坦诚地对待领导，他也会坦诚对待你；当你的职业精神增加一分，别人对你的尊敬也会增加一分。不管你的能力如何，只要你真正表现出对公司足够的坦诚，你就能赢得领导的信赖。

在工作中，下属要赢得领导的肯定和支持，很重要的一点是要让领导感受到你的坦诚。工作中的事情不要对领导保密或隐埋，要以开放而坦率的态度与领导交往，这样领导才觉得你可以信赖，他才能以一种真心交流的态度与你相处。以理服人不是说服领导的最高原则，如果没有让领导感受到你的坦诚，即使你把一项事情的道理讲得非常明白，实际上一点用也没有，因为人是有强烈感情色彩的动物，生活中情大于理的情况比比皆是，在感情与道理之间，人往往侧重于感情，领导者当然也不例外。来到一个单位后，第一件需要做的事情就是要与人坦诚相待，给人留下坦诚的印象。

朱蕾与王欣儿同在一家工艺品公司上班，由于年纪尚小，经验尚浅，她们暂时被安排在部门的一些可有可无的岗位上工作，平时也就是送送东西、传传

文件什么的，连她们自己都觉得自己是打杂的，但是进这个公司实属不易，她们认为这是领导在考验自己，时间长了领导就会提拔的。因此，二人表现得也就很积极。

有一天，主任让她们把一个花瓶送到市里的一个文化单位，据说是该单位某某领导钦点的，朱蕾和王欣儿两人保证一定安全送到。

但摩托车开到半路的时候，迎面冲来一个人，正好撞在车上，急刹车后，花瓶也飞到了千里之外，而那个人也受了伤，朱蕾和王欣儿当时就吓得魂飞魄散，工作肯定保不住了。正当手足无措时，朱蕾什么也没管，骑上车子把人送到医院。

回到公司以后，王欣儿刚从办公室出来，看样子领导是问过话了。敲开门进去，领导气急败坏，问朱蕾："这件事到底怎么回事？"

朱蕾很镇静的回答："领导，这件事完全是我的错，花瓶是我摔碎的，我会赔偿，您也可以开除我，但当时人我必须救，所以，我才现在回来认错，不关王欣儿的事，车是我骑的。"她说完，领导也没说什么，只是让她出去歇歇。

朱蕾正准备收拾东西，准备写辞职信的时候，领导秘书却通知王欣儿以后不用来上班了，而朱蕾被聘为产品检测部的主管。他的理由是，不论对错与否，坦诚最重要！这时，朱蕾才知道，王欣儿在办公室把责任全推给朱蕾，而这点小伎俩，自然被领导看穿了。

范例中，朱蕾与王欣儿因为一件小事，显示出两种完全不同的品质，王欣儿为一己私利，将事情责任推给朱蕾，而朱蕾却很坦诚，并主动承担，这一点，决定了两个人最后完全不同的职场命运。

其实，我们要知道，在领导面前花言巧语，耍小伎俩，都会被领导看穿，有时候，无论什么事情，只要我们坦诚相告，无论功过与否，领导心里都自有定论，过多的解释和美化，反而招致领导的讨厌。

那么，当我们与领导交流的时候，怎样才能让领导感受我们的真诚呢？

1.尊重领导。

领导需要绝对的权威，做下属第一点要做的就是尊重领导，我们在与领导说话的时候，不要图一时口快，或者意气用事让你的前途从此蒙上阴影。态度决定一切，忠诚高于一切是领导信奉的，下属的信奉则是：领导永远是正确的，领导永远是权威的。

2.学会积极倾听，做忠实的听众。

坦诚并不需要夸夸其谈，而是一种态度，做领导的听众，他自然能感受到你的坦诚，因为沟通本来就是双向行为，当领导对你的工作或者人品等进行指点的时候，你必须学会倾听，在对方有意与你进行沟通时，你要做出一副感兴趣的样子，积极配合对方的言论。

3.准确领会上司意图。

一切工作都是从接受上级指示和命令开始的。上司要委派工作时，我们应立即停下自己手中的工作，准备记录。在上司布置任务时，切勿打断上司的话，应该边听边总结要点，要充分理解指示的内容，明确完成工作的期限和主次顺序。

如果上司做出的决策确实与你的思路大相径庭，那也不妨首先执行这个决策，然后私下里找上司交流一下，提出你的看法，通过交流弄清上司做出此决策的意图。这样，你才能知道在实际工作中，通过何种途径更好地完成任务。

但无条件执行并不表示不能有个人看法，但是上司出于对全局的考虑所做的决策一定有他的道理，千万不要干出彻底否定上司决策的事儿。对上司的决策应在实行的过程中思考其目的，把握好加入个人意见的分寸，进而达到预期的工作效果。

乐观接受任务，绝不埋怨牢骚

自古以来，上下级之之间关系和谐的制胜法宝是，下属毫无怨言地执行上级指派的任务，这是领导评判下属是否值得信任、是否忠诚的重要标准。当今社会也一样，这样的下属必然会在工作上表现为高效率、高效益，才会在工作中踏踏实实。在一个组织中，人们需要相互合作，而信任是合作的前提条件，没有信任的合作不可能成功。因此，要想获得领导的信任，就要乐意接受你的任务，而不是牢骚满腹。

也许有人会质疑，这样的老好人会吃亏，但也有一句话说得好，吃亏是福，当你毫无怨言地接受领导的任务，并努力做好它时，领导纵然在日常工作中不会说什么，但对你的信任一步步在加深。

王颖在一家大型集团公司上班，几年下来，她已经升到了主管的位置，公司人员变动较快，她总是为不同的领导工作。但奇怪的是，几乎每个领导离开的时候，都会带着欣慰的笑容夸赞她。

王颖是个很老实的女孩，不是特别会说话，所以更多的时候她只能表现在兢兢业业地工作上。但她明白，每个上司都喜欢时时替自己着想的员工，新来的领导，对什么都不是很清楚，领导安排的任务，一定要尽力完成，才会减轻领导的负担。

有一天，上司找她要一个报表，她认真仔细地完成了。上司对她的报表非常满意，说："看你平时言语不多，做起事情来还真让人放心。"王颖笑着说："因为我觉得只有我这边做好了，上司那边才能少分点心，这样才能有更多的时间去处理其他的事情。"上司满意地笑了。

王颖之所以能得到领导的赏识，是因为她能为领导排忧解难，毫无怨言地帮助领导，这样的下属何愁得不到领导的信任呢？有付出就会有回报，我们深知这句话的道理，会吃亏的人往往能得到更大的回报。职场中也一样，其实，你在一个地方付出了，就必定会在别的地方得到回报。在职场中，只要你能毫无怨言地接受领导分派的任务，并尽力去完成它，你就能让领导有更多的机会认识你，了解你，进而欣赏你。

我们要想有这样的认识，必须要明白这样的几个道理。

1.自己是付出的最终受益者

有人说：付出，无非是要做出无私的奉献，这对我有什么好处？我对别人付出了，谁对我付出？其实这种人的思维是狭隘的，他没有意识到付出的最终受益者是自己。职场中，那些只会要弄权术，整天陷入尔虞我诈的复杂人际关系中，而不是踏实工作的人，即使一时得以提升，取得一点成就，但终究不是一种理想的人生和令人愉悦的事业，最终受到损害的还是自己。而那些兢兢业业工作，为公司付出的人，可能升迁慢、加薪少，却是领导和公司最忠实的员工，领导之所以为领导，必定比一般人有更敏锐的观察力，对于这类人，自然会记在心底。这对于我们的职业生涯将是很好的积淀。

2.个人与企业的命运是紧密相连的

其实，我们明白，当我们努力工作，为公司争取到了更多的利益，公司的效益会提升，我们的薪酬和职位也会上升，而相反，我们怠工，公司效益下降，我们加薪、升职的机会也就少了很多。所以，我们的命运和企业的命运是分不开的，作为下属，我们的提拔任用和所得到的报酬待遇，虽然是企业管理部门确定的，是你自己努力工作换来的，但也与领导对你的了解与信任是分不开的。所以，下属对上级、个人对企业应始终心存感激并努力接受上级安排的任务，才能让自己和企业同进步。

3.发牢骚并不是解决问题的办法

无论工作还是生活中，我们都会遇到各种各样不如意的事。一味地抱怨不仅一事无成，还会把自己变成一个“怨妇”，让周围的人离你而去，你要做的其实是，找到解决问题的办法，只有解决了问题，才会让领导和同事对你刮目相看，并信任有加，你的职业路走得才会顺畅！

对领导表示支持，赢得领导信任

很多职场人士认为，领导和下属之间永远属于一个利益的对立面。在关系的处理上，不必有任何的交集，只要不得罪就好，的确，俗话说："伴君如伴虎"，与领导相处，如履薄冰，但实际上，只要我们伴得好，老虎将会给你最大的支持，成为你驰骋职场的一张王牌。但前提是，我们要成为领导的好下属，曲意逢迎没用，溜须拍马更没用，只有支持上司才是你赢得信任的不变法则！

而且，领导每天有很多事情需要处理，领导不可能事事过问。他只在宏观上把握全局，而具体的每一部分工作都由下属分工负责。当你能帮助领导分担一些工作难题时，上司就会离不开你，这样在上司心目中才会有你的位置。如果你不能做到这些，不仅不能让上司省心，还会成为上司的包袱。当一个下属不能起到自己该有的作用时，也自然得不到领导的信任。

张然是一家投资公司的一名主管，在工作上一直很顺利，不管是环境，还是领导，以及周围的同事，她都非常满意。但最近张然所在公司的经理换了，也可能是新官上任三把火，新来的那个上司看起来不那么随和。同事都在议论，说怎么看都没有原来的上司好。

而张然，一直是个勤勤恳恳的员工，从来不在领导背后说一些可有可无的话。这一点，让同事乃至领导都很喜欢。虽然她和原来的上司关系很好，但是她知道，以后她要面对新的上司，这个新上司将是和自己一起工作、决定自己未来职场命运的人。

那天开会，新上司提出一个方案，立刻遭到几个同事的反对，大家一起议论说原来上司的方案如何合理，如何让人心服，唯独张然没有说话。新来的上司看起来是个厉害角色，他不动声色地问张然："你认为呢？"张然一下被问住了，这个时候她一边面对的是同事，一边面对的是上司，不管她怎么回答，似乎都会得罪其中的一方。这个时候，张然突然想到，原来的上司对她说过的一句话：“不管什么时候，都要站在上司的角度上分析和考虑问题，这是职场制胜的法宝！”

张然深呼了一口气，站起来慢慢地、微笑着说：“其实，我觉得不管是原来上司的方案，还是新上司的方案，都是为我们大家着想，为公司的发展着想。只是两个人的出发点不同。”接下来，张然不紧不慢地仔细分析了两名上司的不同出发点，然后针对公司的情况进行总结，分析出新上司措施的优点和缺陷。然后她再自我批评地说：“作为一名主管，我觉得是我失职，我没有很好地向新来的上司交代公司的情况，让他迅速地了解公司状况。”新来的上司听张然这么说，脸上露出了笑容。同事也说她是一个负责任的主管。

范例中的张然是聪明的，关键时刻站在领导的角度说话，为自己化解了一次言论危机。的确，支持上司是永远不变的法则，不要以为上司比你官职大，就不需要你的支持。让上司感觉到你对他的支持，是对上司工作最大的肯定，也是对上司尊敬的最好体现！

那么，我们在与领导相处的时候，该怎样让上司感受到我们的支持呢？

1.必要时提醒并帮助领导

有时候，领导事务繁忙，很可能遗忘一些事或者在某些事上处理不当，我们要做个有心人，及时提醒并帮助领导。

2.为领导节约时间

作为领导，时间都是紧张的，而且一般会提前安排，因此，我们要为领导着想，节约他的时间：

（1）提建议时，问题越简单，越节约他的时间；并做好各个问题提问的先后顺序。

（2）事先向领导预约会谈的时间。

（3）选择适当的时间以避免耽搁。

不仅要帮领导节约时间，还要选择恰当的时间，在错误的时间提问题，不仅收不到预期的效果，还会给领导留下不好的印象。

3.做好领导关心的事

很多职场人认为，工作中，事情做得越多，就越能获得领导的信任，其实不然，作为领导，并不关心你做了多少事，也不在意你花了多少时间做事，而是在意你做了多少对的事，如果你花费大把的时间和精力在一些没有任何意义的事上面，领导只会觉得你是一个做无用功的人，并不会感激你。所以，你要做的是，先弄清楚领导最希望你做什么事，然后才需要把事情做好。

4.不仅提出问题，还提出解决问题的方法

几乎每个领导都讨厌这样的下属，提出一堆问题给领导，仿佛都是让领导来解决，那么要下属有何作用？你应该做的是，解决一些力所能及的事，在一些无法拿主意的问题上再来请示领导，这样，不仅让领导看出你的能力，还能看出你对他的尊重。

5.工作上独挡一面

在工作上能够独挡一面，上司才能相信你的能力。

那么怎样才能使自己独挡一面呢？

首先，有自己独特的眼光。上司在作决策时，肯定需要下属出一些新招和“点子”。这些“点子”即使不一定被采用，也能给上司思考问题和做出正确决策提供一个新的思路。

其次，做同事所不能做。当有些事情上司和同事都感到棘手时，假如你能从容镇定地把问题解决，上司一定会对你刮目相看，所谓“危难时刻方显英雄本色”嘛。

最后，把同事不愿做的小事揽下来。单位里有许多不起眼的小事被大家所忽略，如勤杂工请假了，办公室没人打扫；单位新买了一些桌子、椅子要搬上楼等。聪明的人应该善于利用这些小事。当然，在上司看来，这种事情没什么可嘉赏的，但时间长了，你勤快、本分、实在、不讲报酬，能吃苦、工作扎实的作风，自然会在不知不觉中让上司对你充满好感。

三言两语巧妙说，化解与上司的矛盾

宇宙万物，无时无刻不处于矛盾之中。身处职场，与上司共事、相处，难免会出现碰撞而导致误解和矛盾的产生。有时往往不经意的时候得罪了某位领导，而我们自己却浑然不知，等到弄明白是某位领导误解了我们的时候已经为时晚矣。

那么，误解缘何而生？这是非常复杂的问题，因为它涉及到人的心理活动的复杂性。嫉妒、多疑、防范、自负甚至是对你过度的喜爱，都能诱发领导心中对你的不信任感，导致各种误解。而产生误解的一般性原因或者说客观性原因是：上下级之间存在着信息不准确或沟通不足。由于下级和领导缺乏足够的交流，这样，他便缺乏对你全面、直接和感性的认识，容易受他人意见的左右和主观判断的影响，从而对你的言行产生认识误差。

其实，矛盾并不可怕，最重要的是我们能够勇敢地正视它，并运用自己的智慧和技巧化解它，上下级之间一个最常见的矛盾就是彼此之间存在着误解和隔阂。如果处理不当或掉以轻心，误解便会成为成见，隔阂更会扩展成鸿沟，这无疑对下属是极为不利的。关于矛盾的化解，有时候，我们可以借助语言这一媒介，只要我们善于从上司的心理出发，通过三言两语，把话说到上司心坎上，削弱并化解矛盾并不是没有可能。

上司误解了下属，一般而言，他不会主动找你进行沟通。你对待上司误解最明智的态度就是及时、主动地去消除它，不让它成为定型之见。否则好的机缘会与你擦肩而过，让你悔之晚矣。以下六点消除误解的方法可供参考：

（1）极力掩盖矛盾。每当有人说领导和自己的关系不好时，你要极力否认此事，制止事态的扩大，更利于缓和矛盾。

（2）公开场合注意尊重领导。在工作中经常碰面，要主动和领导打招呼，不管领导爱理还是不理，脸上要挂着微笑。

（3）背地注重褒扬领导。要知道当面说别人好不如背地褒扬别人效果好。背地里褒扬领导，领导肯定会高兴的，这样更利于误解的消除。

（4）紧急情况“救驾”。平时工作中，你若知领导遇到紧急情况而没有台阶下的话，你要挺身而出及时前去“救驾”，做到打圆场的工作，这有利于领导心理平衡，消除误解。

（5）找准机会解释前嫌。待领导对自己慢慢有了好感以后，你要利用机会，与领导很好地进行交流以释前嫌。

最近，职员小王有这样一个苦恼，她向好朋友诉苦：“我组一共两个人，我是领头的。目前由于原来组员离职，新调来一位在我们部门有4年多工作经验的女孩。我们俩关系还好，沟通没有问题。目前她觉得工作做不过来，要去找领导谈，但是去找之前和我沟通过了，我认为她是老员工并且是公司的骨干员工，她去找领导沟通应该没有问题，领导会给她更好地指导和鼓励。但他们沟通完后领导找我了，认为我工作做得不够好，工作分配似乎不合理，没有缓解她接手新工作的压力。这个结果完全出乎我的意料，并且领导对我以前的工作产生怀疑，我很是委屈，觉得领导对我的误解很多，实际上工作中并不是这样的，我觉得自己付出很多。在领导找我谈的时候我已经说了，但是回想后觉得自己并没有完全表达出来，而且越想越生气，我该如何处理好呢？我想再找领导谈谈？”

而她的朋友是这样给她支招的：“我觉得，你可以和领导谈谈，譬如你的看法，不用太小心谨慎。其实领导一般还是希望得到员工的真实想法的。但是谈话之前，你要做到有理有据。把你手头的工作理一理。哪些是给这个女孩做的，哪些是你做的。和领导说话，要口气温和，有理有据。针对领导觉得你分配不合理的地方，说出你的看法，或者听领导给你更好的建议。但要注意时机和场合，有第三人在场或领导百忙缠身、情绪不佳时都不宜沟通，沟通时也须注意实事求是和自身情绪，否则你稍不注意就可能招致个人发展中的麻烦。毕竟领导也是人，尤其是存在形形色色的领导。”

小王按照朋友的建议，找了个机会，解开了误会。自从那次后，领导似乎更加信任小王了。

小王的做法是正确的，在合适的机会下沟通，才能起到预想的效果。从心理学的角度看，人们能否接受建议，是与心境有关的。当上司百忙缠身、情绪不佳时，你若想解开误会，恐怕会事与愿违。

6.经常加强感情交流。领导与你的误解烟消云散之后，你不要掉以轻心，而是趁热打铁，通过经常性的感情交流增进友谊，让感情与日俱增。

做到以上几点心理策略，我们与上司之间的矛盾一定会逐渐解开！

巧妙汇报工作，句句说到领导心坎儿上

说话是一门重要的学问。一个人来到一个企业，很重要的一件事情就是要学会说话。因为我们不仅要与同事沟通，更要与上司沟通。如果我们能与领导进行有效沟通，对建立并保持良好上下级关系，对自己以后的成长有利于帮助，更具有重要意义。作为一个下属，免不了要和上司在工作上有往来。也就难免要向领导汇报工作，一个成功的职场人士也必然是一个善于汇报工作的人，因为在汇报工作的过程中，他能得到领导对他最及时的指导，更快地成长，也因为在汇报工作的过程中，他能够与主管上司建立起牢固的信任关系。可见，我们要想赢得上司的信任，就必须掌握领导的心理，学会巧妙汇报工作，把话说到上司心坎上，令上司满意我们的表现。

那么，我们应该怎样汇报工作呢？

1.主动汇报

作为上司，都有这样的心理，即使再忙，都希望能掌握每个下属的工作动态。因此，如果我们能主动汇报工作的话，那么便是给上司吃了颗定心丸，上司自然也会满意我们的表现。

黄伟是一名外贸公司的部门经理，由于事情多，就很忙，忘记了对领导汇报工作。有一天，他在开会时批评下属说：“你们现在好像一天都很忙啊，好像都不汇报工作了。”可是，会后，他听见员工们说：“黄总光会说我们，他自己好像也有十天半个月没有去总经理办公室了吧。”这话倒提醒了黄伟，他想，这段时间，工作是很忙。但是也没有忙到没有时间去向上司汇报工作情况的程度，怪不得总经理这些天好像都对自己有意见似的。如果每天、甚至每两天抽出一个小时的时间走进上司的办公室，向他汇报自己的工作，可能就不会是这样的情况了！

想到这里，黄伟立即安排秘书为自己做工作详细记录，第二天他走进上司的办公室，对老总说：“总经理，这是我近来的工作进度，请您审查。”上司对他流露出微笑：“有进步啊！”黄伟也报以微笑。

从案例中，我们发现，在与领导沟通时，主动的态度十分重要。主动汇报工作，与领导及时交流，不仅能及时更正错误或不当的工作方法，还能让领导放心。而实际上，很多下属往往摄于周围人际环境的压力，唯恐领导责备自己，害怕见到领导，不主动上报汇作，也失去了展示才华的机会，更重要的是，也失去了上司的信任。

2.表达服从

古往今来，上下级之间，下级服从上级，这是天经地义的事，虽然也有很多下级冲撞上级，但他们都为此付出了代价，当今职场，这一规则更是不可动摇。在汇报工作的时候，这一点更是我们应该注意的。也就是说，汇报工作，我们要尽量把焦点放在“汇报”上，而不能越权，更不能说越位话。

3.汇报要有重点

给领导汇报工作时，有时是一件事，有时是两件事甚至几件事，但对每件事都应考虑周全，突出重点，千万不可面面俱到，重复表达，啰嗦冗长，力求做到重点突出，这样既节约了领导的时间，又体现了自己对工作的熟悉程度、对问题的把握能力、语言表达能力，同时又提高了工作效率。

越是职位高的人，需要处理的事就越多，有时候不可能把每件事都管过来。上司把某项工作交给你，是对你的信任，是对你工作能力的肯定。如果遇到鸡毛蒜皮的事也去向上司请示汇报，上司就会怀疑你的能力了。而且，事无巨细，统统汇报，也有邀功之嫌。比如一个负责行政的，对完成的车辆派用等汇报也没多少价值，对一些与通常情况下不一样的处理倒是有必要汇报一下的。

4.条理要清晰

给领导汇报前不妨先打好腹稿甚至是文字汇报稿，一、二、三、四、五，言简意赅，层次分明，用最精炼的语言，较准确地表达自己的汇报内容。

5.把握领导倾向性意见

有时一件事只有一种解决办法，有时有多种。因此，汇报前要考虑领导倾向哪一种方法，那就把某一种方法放在前面先说，然后再把其他建议也一并给领导汇报，供领导决策参考。

6.多提解决的方法

汇报工作最重要的是提出解决问题的方案而不是简单地提出问题。要记住，汇报问题的实质是求得领导对你的方案的批准，而不是问你的上司如何解决这个问题，否则事事上司拿主意，要下属还有什么意义呢。我们去找领导汇报工作时要预备多套方案，并将它的利弊了然于胸，必要时向领导阐述明白，并提出自己的主张，然后争取领导批准你的主张，这是汇报的最标准版本。假如你进行的总是这样的汇报，相信你离获得晋升已经不远了。

7.关键地方多请示

聪明的下属善于在关键处多向领导请示，征求他的意见和看法，把领导的意志融入正专注的事情。关键处多请示是下属主动争取领导的好办法，也是下属做好工作的重要保证。何为关键处？即为“关键事情”“关键地方”“关键时刻”“关键原因”“关键方式”。

在了解了以上汇报工作的方法后，我们大致便能抓住上司的心理，从而让上司从心理满意我们的表现了。

第10章　面对谈判，懂心理会说话让对方无力反击

言语直击内心，令人自发认同

在商业化时代，我们时时刻刻都面临着形形色色的谈判。谈判，打的就是一场心理战。等到真正谈判开始，就进入心理角力战，临场反应很重要，我们要顺利达到自己的目标，就得掌握奥妙的人性心理，并通过语言成功操纵对方的心理。这里，如果我们能把话说到对方的需求点上，那么，对方便会自发认同我们。

一个年轻人在一家百货公司做业务员，第一天工作刚结束，总经理就开始检查新员工的业绩。每个人都完成了二三十单的生意，而这位年轻人只完成了一单的生意。总经理不满意地问他："你卖了多少钱？"

"30万元。"年轻人回答说。

"你怎么卖那么多钱？"总经理吃惊地望着他。

"是这样的，"年轻人说，"一位先生进来买东西，我给他一个小号的鱼钩，然后是中号的鱼钩，最后是大号的鱼线。我问他上哪儿钓鱼，他说在海边，我建议他买条船，所以我带他到卖船的专柜，卖给他一艘帆船，然后他说他的汽车可能拖不动这么大的船，于是我带他到汽车消费区，卖给他一辆丰田新款豪华型'巡洋舰'。"

总经理听得目瞪口呆，几乎难以置信地问道："一个顾客仅仅来买个鱼钩

你就能卖给他这么多东西？”

“不是的，”年轻人说，“他是来给他妻子买卫生巾的，我就告诉他‘你的周末算是毁了，干吗不去钓鱼呢？’”

上面的这个案例可能在现实生活中很少发生，但这却很明确地告诉我们，只要我们把话说到对方的需求点上，让对方认同我们的观点，那么，这给我们带来的利益也是无法估量的。这一点，同样适用到谈判过程中。谈判双方，都有一个需求点，我们在谈判前，要先找出这个需求点，然后围绕这个需求点，把快乐说够，把痛苦说透，从两方面加以陈述，对方必会在心里接受我们的谈判建议。

我们需要从下面三个方面来述说这个需求点：

1.把痛苦说透

心理学家卡尼曼和特沃斯基发现，损失给人带来的心理冲击是同样数额的获利给人带来的心理冲击的2.5倍。怪不得人们要在本应削减损失的时候却仍然苦苦坚持。

研究表明，如果购买的股票价格迅速上升，人们往往很快将其出手，锁定利润。然后，他们就可以向朋友吹嘘自己的判断力如何准确。然而，如果股票价格大跌，人们则趋向于继续持有股票，等待价格回升。结果，投资者卖出了应该继续持有的股票，而保留了应该出手的股票。

这就是人们害怕损失的心理在作怪。从这一现象中，我们可以获取一项谈判经验，那就是将对方不达成协议的痛苦说透。

比如，当我们走进沙漠的时候，如果水用完了，太阳非常的毒辣，你的嘴巴快要冒烟了，这个时候有人过来卖水，哪怕矿泉水是一千元一瓶，我们也会花钱买下，这个时候，那不仅仅是一瓶水，而且是救命的东西，它的价值远远超过一千元一瓶。

再比如，谈判的内容通常牵连甚广，不是单纯的一项或两项。在有些大型的谈判中，最高纪录的议题便多达七十项。当谈判内容包含多项主题时，可能有某些项目已谈出结果，而某些项目却始终无法达成协议。这时候，你可以反面“鼓励”对方：“看，许多问题都已解决，现在就剩这些了。如果不一并解决的话，那不就太可惜了吗？”这就是一种用来打开谈判僵局的说法，它看起来虽稀松平常，实则能发挥莫大的效用，所以值得作为谈判的利器广泛地使用。

2.把快乐说够

比如，客户要购买一批产品，但总是在价格上不愿意让步。那么，其实，我们应抛开价格，把对方购买产品后的利益说透，让对方感觉物有所值。因为双方的利益是既定的，那么，我们就要做好分配工作。让对方在最少的利益点上获得最高的快乐情绪体验。这就好似一张饼，你得到的多我就得到的少，你少我更多；我们就是要让对方心甘情愿地让我们得到更多，此时，我们可以把对方注意力转到其他地方，让其乐不可支，从而为我们拿到更多的饼提供契机。

3.适当让步

是否知道何时该退出交易，显示了交易者是聪明还是愚蠢。喜剧演员菲尔兹说得好：“如果开头失利，还需继续努力。如果还不成功，就放弃，没必要在一棵树上吊死。”然而，很多谈判者往往会忘记菲尔兹的建议，顽固地坚持到底，这样做的后果无非是失去谈判的机会，损失利益。

当然，我们在做让步前，要做好“坚持”工作，并对对方说：“恐怕我做出的让步，会让我的领导大发雷霆了。”这样，会让对方觉得你做出的让步是个艰难的决定，他也会觉得自己占了很大的便宜。

总之，我们在谈判的时候，一定要抓住对方心理，也可以概括成：追求快乐，逃避痛苦。这是人的本性。抓住这一心理说话，我们要做的工作也只有一个：把好处说够，把痛苦说透，帮对方建立一种意愿，从而让其在心理认同我们，那我们的谈判工作离成功也就不远了。

用言语示弱，令对方放松警惕

同情弱者是人性天生的弱点，再铁石心肠的人，内心也有颗同情的种子。现代社会，无处不存在谈判。谈判过程中，我们也可以抓住人们这一共性心理，在言语上适当示弱，在对方放松警惕心理时，再提出我们的要求，完成谈判目的也就容易得多。

汽车巨头亨利·福特公司的贸易业务很忙。他们的桌子上总是堆满了各种催账单。福特每次都是大概看一眼后，就把账单扔在桌子上，对经理说："你们看着办吧，我也不知道该先付谁的好！"

但是有一次，他从一大堆的催账单中抽出一张对财务经理说："马上付给他！"

这是一张传真来的账单，除了列明货物标的、价格、金额外，在大面积空白处还画着一个头像，头像正在滴着眼泪。

"看看，人家都流泪了，"福特说，"以最快的方式付给他吧！"

谁都明白，这个催账人并非真的在流泪，他之所以急着催账，可能另有苦衷或急需资金，他的几滴眼泪迅速引起对方重视，以最快的速度要回了大笔货款。看来，这眼泪的威力实在不可小看啊！

当然，现代社会，与人谈判，并不是说凡事都要摆出一副可怜兮兮的样子，流下几滴泪。而是说，当我们谈判时，应该调动听者的同情心，使对方首先从感情上与你靠近，产生共鸣。这就为问题的解决与事情的办成打下了基础。人心都是肉长的，只要我们能适度示弱，对方是会有同情心的。

那么，谈判中，我们该怎样用语言示弱，从而操控对方的同情心呢？

1.扬人之长，揭己所短

这一心理策略的目的是使交易重心不偏不倚，或使对方获得一种心理上的满足，从而达到目的。

有个人非常善于做皮鞋生意，在相同的时间里别人卖一双，他就可以卖几双。一次谈话中别人问他生意有何诀窍，他笑了笑说："要善于示弱。"接下去他举例说："有些顾客到你这里来买鞋子，总是东挑西拣到处找漏子，把你的皮鞋说得一无是处。顾客总是头头是道地告诉你哪种皮鞋最好，价格又适中，式样与做工又如何精致，好像他们是这方面的专家。这时，你若与之争论毫无用处，他们这样评论只不过想以较低的价格把皮鞋买到手。这时，你要学会示弱，比如，你可以恭维对方确实眼光独特，很会选鞋挑鞋，自己的皮鞋确实有不足之处，如式样并不新潮，不过较稳罢了，鞋底不是牛筋底，不能踩出笃笃的响声，不过，柔软一些也有柔软的好处。你在表示不足的同时也借此机会从侧面赞扬一番这鞋子的优点，也许这正是他们瞧中的地方，可以使他们动心。顾客花这么大心思不正是表明了他们其实是很喜欢这种鞋子吗！善于示弱，满足了对方的挑剔心理，一笔生意很快就成功。"这就是他卖鞋的妙招。

这里，这位商人之所以能生意兴隆，主要就是他抓住客户爱挑剔的心理，懂得示弱。客户挑剔鞋子，实际上是满意鞋子存在的某些优点，如果我们面对客户的挑剔采取反驳的态度以证明产品的可靠，此时，可能我们是保住了产品的名誉，但却失去了一个客户。

同样，在谈判中，如果我们死守自己的立场，不肯示弱的话，估计迎来的不是谈判的僵局就是以失败告终。

2.硬话软说，不卑不亢

其实，在这里，我们所说的示弱并不是真的在示弱，也并不是非得以眼泪才能博得对方的同情，只不过是一种说话的技巧，以达到你的谈判目的。在生活中，我们常常会听老人们这样说："软刀子更扎人！"也就是说，我们在谈判过程中，要硬话软说，同时，我们的态度要不卑不亢。

有位教师，教学科研成绩突出，各项条件具备，但职称总评不上，原因是他与校领导关系不好。此君上告到上级主管领导处，虽然竭尽所能让领导引起对自己处境的同情，但仍收效不大，这位领导听后反而推辞说："评不上是你学校的问题，学校不上报，我又有什么办法？"此君早有心理准备：立刻说："如果学校能解决，我就不会来麻烦您了。我是逐级按程序反映。您是上级领导，而且又主管这方面的工作，下面在这方面出了问题，您是有权过问的。如果您不及时处理，出现更大麻烦，那就晚了。我想，只要您肯过问，您的意见他们会听的。"这番话很奏效，这位领导很快改变了态度，事情最终得以解决。

与其说这位教师是在求上级办事，不如说是和上级谈判，他这一番话的言外之意是："处理此事是您的责任，如果您不过问就是失职，那么，我还会向更高的上级领导反映，那时，您可就被动了。"虽然是示弱，但却显得不卑不亢，让对方不得不处理此事。

总之，谈判中，我们说话不可太强硬，要想让谈判结果朝着我们希望的方向发展，就需要学会适当示弱，激发起对方内心的同情心，令其放松警惕的心理，此时，我们就掌握了谈判中的主动权，令谈判取得成功。

语言的"高压政策"，使对方心弱屈服

我们深知，谈判过程中有一项重要的心理策略，那就是以情动人，也即怀柔政策——谈判者可以用温柔的情意去化解对方冰冷的心，用甜蜜的语言去消解对方的怒气。而实际上，与之相对的是，还存在一种心理策略——高压政策，也就是要求我们在谈判的时候，说些"硬"话，给对手施加心理压力，从而影响谈判对手的心理状态和立场观点，达到有时用强有力的武力也不能解决问题的目的。

1951年5月，联邦德国的著名外交家威廉·格雷韦率领代表团在彼德斯贝格山上，同英、法、美三大国的代表，进行废除占领法规的谈判。盟国方面虽

然想改善同德国的关系，但此时他们还不准备真正地放弃占领法规。他们想得更多的是同德国方面只限于达成不涉及盟国主宰权本身的契约性协议，这些协议的对象只是盟国如何行使这种主宰权，继续保留占领国的“最高权力”这个基本想法贯穿于三大国的谈判之中。与此相应，三大国于1951年2月27日就向联邦政府递交了一份供讨论的单子，共有39个题目。

从 1951年5月到 8月进行了第一轮会谈，目标很有限，仅仅是：听取德国方面对这些问题的表态，并通过提问使德国的立场具体化。8月3日，会谈应以达成发表一项公报的协议而告终。可是摆在桌子上的草案中却只字没提已经商谈过的关于废除占领制度的问题。格雷韦觉得他不能拿着这么一份公报离开彼德斯贝格山。但是，经过较长时间的周旋，对方丝毫没有作出让步的表示。于是，格雷韦宣布，在这种情况下，会谈不能在当天结束，因为他得到的指示不允许他签署这么一份文件。他的这一策略起到了意想不到的作用。根据日程安排，延长这轮会谈是极其不受欢迎的。然而如果不发表公报而散场，则更不受欢迎了，这将无法掩盖冲突是什么。

这个时候公开地讨论三大国极其不得人心的立场，是对他们很不利的。所以，三大国不得不暂时休会进行内部协商，然后又继续会谈，最后，会谈取得了突破，三大国愿意寻找联邦共和国和盟国关系的“新基础”。格雷韦取得了胜利，他怀着满意的心情，趋车返回波恩。

在这次谈判过程中，面临实力强大的谈判对手，格雷韦宣布会谈不能在当天结束，因为他得到的指示不允许他签署这么一份文件。而实际上，对于谈判对手来说，这是不妥的，于是，其他三国只好商议并作出让步。最终，格雷韦化不利为有利，转败为胜，取得了谈判的胜利。

那么，在谈判桌上，我们在说话的时候，该怎样运用高压政策，并把话说“硬”呢？这里，要有一定的原则规范：

（1）削弱对方的原则。要达到这个目的、必须操纵对方，使己方改劣势为优势。

（2）经常抵抗或反对对方的原则。这是在不使谈判破裂的情况之下，通过对对方吹毛求疵或反对对方的意见，给对方以压力，迫使对方降低期望，以达到使对方让步的目的。

（3）创造一种竞争的姿态。比如，“这种订单我们已经接到好几份了，他们都希望得到我们的合作。”这种货比三家通常就是买方向卖方施加压力的有力措施。

总之，一名谈判高手，尤其在快达成协议时，不应该一味地去迁就对方，使自己处于一种心理上的弱势地位。而应适时说些“硬”话，使对手心弱屈服，从而控制局面，以让局面对自己有利。

迂回的言语，使其因心里焦急露出破绽

无论是商业还是政治或者是其他活动，都离不开谈判，通过谈判而达成一致意见，签订协议并通过认真履行使双方获益。而谈判行为是一项很复杂的交际行为，它伴随着谈判者的言语行动、行为互动和心理互动等多方面的、多维度的错综交往。谈判过程中，能否成功识别出对方的现实动机和长远目的、对方派出人员的权限乃至其心理状态、个性特征等，在很大程度上能影响着谈判的成败与否。

美国谈判学会主席、谈判专家尼尔伦伯格说，谈判是一个“合作的利己主义”的过程。寻求合作的结果是双方必须按一个互相均能接受的规则行事，这就要求谈判者应以一个真实身份出现在谈判行为的第一环节中，去赢得对方的信赖，继以把谈判活动完成下去。但是由于谈判行为本身所具有的利已性、复杂性，加之游戏能允许的手段性，谈判者又很可能以假身份掩护自己、迷惑对手，取得胜利，这就使得本来很复杂的行为变得更加真真假假，真假相参，难以识别。同时，谈判中，对方说的每一句话对于我们来

说，都可能是一个“套儿”。从这个角度看，我们只有懂得从对方心理角度出发，在陷阱面前懂得说话迂回，才能操纵对方心理，并反败为胜，取得谈判的主动权。

在美国某乡镇有一个由 12 个农夫组成的陪审团。有一次，在审理了一项案件之后，陪审团中的 11 个人认为被告有罪，另一个人则认为被告不应该判罪。由于陪审团的判决只有在其所有成员一致通过的情况下才能成立，于是这11个农夫花了一整天的时间，想说服那位与众不同的农夫改变初衷。此时，天空中忽然乌云密布，眼看一场大雨就要来临，那11个农夫都急着要在大雨之前赶回去，好把放在屋外的干草收回家去，可是，这时候另外那个农夫却仍旧不为所动，坚持己见，11 个农夫个个都急得像热锅上的蚂蚁。他们的立场开始动摇了，最后，随着“轰隆”一声雷鸣，这11个农夫再也无法等下去了，他们转而一致投票赞成另一个农夫的意见：宣告被告无罪。

在这一谈判案例中，这位胜利的农夫在面对强大的谈判阵容的时候并没有轻易就范，而是利用了其他农夫都急于结束谈判的心理，向他的对手们展开心理攻势，让对手急得象热锅上的蚂蚁，最终，在忍无可忍的情况下，这群农夫放弃了自己的立场：宣布被告无罪。

可见，我们在谈判中处于劣势时，要沉着镇静，根据不同的情况构思不同的反击策略，在说话时不要撞在对方的枪口上，而应该用迂回的语言，保护自己的利益，取得谈判的胜利。

一场谈判如同一次战斗，要了解众多的材料，并进行综合、分析、推理、决策，大家都是普通人，不能未卜先知，我们一不小心就会陷入对方设定的陷阱中，为此，懂得掌握对方心理，巧妙反击就很重要。

一般来说，如果我们了解了对反的心里优势或者心计后，就要避其锋芒，当对方发现自己的优势并没有起到作用后，就会显得焦急，此时，谈判的主动权就会立刻转交到我们手里。

那么，我们该怎样说话才能让对方产生焦急的心理呢？

1.拖延术

在上述谈判实例中，那位坚持己见的农夫用的就是一种“拖延”术，向他的对手们展开了心理攻势，从而赢得了这场看似无望的判决的胜利。因为谈判结束的时间被称为“死线”，在一般情况下，谈判者都要保密自己的最后期限和“死线”，因此在谈判中，往往会出现这种情况，双方都希望摸到对方在谈判中的“死线”，以争取主动；与此同时，都对“死线”严格进行保密。

在针对谈判的“死线”的时候，谈判者常常采用欲擒故纵的拖延技巧，但在运用这种技巧的时候，要注意以下几点：

①每一次“拖延”不能拖死对方，要给对方一个回旋的余地。例如，在改变与对方的谈判日程时可说，“因为还有别的重要会见。”在神秘中仍给对方一个延后的机会，待到对方等到这个机会时，会增加一种珍惜感。

②在拖延的时候，要注意考虑自己手中一定要有几个有利的条件重新把对方吸引回来，不能使自己的地位僵化，否则，一“拖”即逝，无力再拉回对方。

③在采取拖延技巧的时候，一定要注意自己的言论，说话要委婉，避免从情感上伤害对方造成矛盾焦点的转移。

2.补救术

这种说话策略是用来补救我们已经陷入对方陷阱的措施。比如对方诱导你承认了他们的报价，你失口承诺认可了对方的报价，如果发觉得及时，可马上纠正——“当然，这个价格尚未计入关税税额”，如果发觉得较迟，你可通过助手补充纠正，“请注意，刚才张先生所允诺的价格，是以去年年底的不变价计算的，因此，还需要把今年头八个月的涨价比率加上去。”当对方听到你已经巧妙绕开了陷阱后，会立即乱了方寸，这时，便是我们展开进攻的时候了。

总之，谈判是富有竞争性的合作，虽然不是战争，不是你死我活，你输我赢，但是谈判也决不是找朋友。谈判虽然遵循互利互惠的原则，但双方皆赢的利益结果很难对等。在这种双方都希望争取最大的利益的心理游戏中，就允许双方施展谋略，寻获更多利益，这是规则。在谈判对策中声东击西，迂回式说话也是自我保护、扰乱对方方寸的心理战术，更是谈判高手惯用的技巧！

虚张声势，令其就范

生活中，谈判无处不在。谈判不是那些外表风光的外交官的专利，它一直都是人们日常生活中不可或缺的组成部分。谈判是我们获得权力和利益的重要手段。谈判中，最重要的莫过于取得谈判的主动权，而要做到这一点，我们就需要掌握对手的心理。通常情况下，人们在没有心理退路的情况下，都会退而求其次，接受人们的建议。古语有云："不到黄河心不死"就是这个意思。从这一点看，我们在与对手交涉的过程中，就可以虚张声势，适时把话说绝，让对手觉得无路可退，从而令其就范。

若干年前，意大利米兰足球俱乐部的一位著名球星想要得到更高的年度合同酬金，接连几个赛季，他都试着自己去谈判，但都未能达成满意的协议。这名运动员虽然也颇富有，而且脑瓜子聪明，但他却很怕羞。他承认，自己斗不过那个不讲情面的总经理，因为那个总经理手中握有一张王牌：在与球星签订的合同中，有一项使运动员不能跳槽的保留条款。怎样才能使态度强硬的总经理接受自己的要求呢？经过苦苦思索，球星想出了一个绝招。那项保留条款是他不能加薪也不能跳槽的主要障碍，但是这个条款并不能阻止他退出体育界，因此他决定以退出体育圈、加入影视界为筹码，向总经理施加压力。

这名运动员虽然腼腆，模样却颇讨人喜欢，何况他大名鼎鼎，许多人正巴不得在银幕和荧屏上一睹其丰采。于是，他开始同一个独资的制片商接洽，并草拟了一份为期5年的合同，同时把这一切都告知了新闻界。大众传媒对此作了大肆渲染。

这样一来，那个总经理受到了巨大压力，因为如果这名球星挂靴而去，球迷们定会不依不饶地闹个天翻地覆，他的生意也只得告吹。不得已，他只好满足了球星的加薪要求。

这位球星在要求提高合同酬金上的做法是明智的。面对不讲情面的总经理，他只得做出这这一策略，也就是钻了合同的空子，合同并没有规定他不能退出体育界，而这正是能制约总经理的因素。于是，他对新闻界宣布了自己的虚假意图，而很明显，这一说法果然对总经理起到了作用，他只好满足球星的加薪要求。

谈判过程中，只要我们抓住对方的心理，根据对方不同的利益需求，适时说出让对方毫无对策的话，我们势必会掌握谈判的主动权。具体来说，我们可以根据对方不同的心理，说出不同对策的话：

1.出其不意，让对方迅速做出回应

某国的一家实业公司获得了一个有二等汽车出卖的信息。几天之后，该公司董事长的办公桌上出现了一份报告，这份报告的内容是：在南美的智利，一家铜矿公司最近倒闭。矿主在事前订购了美国道奇、西德奔驰筹各种型号大吨位载重货车、翻斗车共计 1500 辆，全部是新车。为了偿还债务，矿主决定将这批新车折价拍卖。看了这份报告，董事长眼前一亮。1500 辆折价拍卖的新车，是多么具有诱惑力呀！

但在该公司获得这一信息的时候，在香港、智利的邻近，甚至在全世界，这已经是一个公开的秘密。此时，时间就是金钱，于是，他果断地授权采购人员说：“只要质量好，价钱便宜，你们说了算。”

该公司的采购小组立即飞往智利，同行的还有汽车方面的技术专家。他们对这批共 1500 辆的崭新的各种载重汽车，像体格检验一样，一辆一辆地进行技术检验，现场验货。最后结果表明，它们的质量是令人满意的。

随后，双方开始坐下来谈判，经过一番紧张的讨价还价之后，这批载重

7~30 吨的汽车，矿主同意以低于原价 38%的低价出售给该公司，仅此一项，他们就节约了外汇 2500 万美元。

谈判获得了空前的成功。从发现这个信息到成交这笔生意，仅仅只花了3个月的时间。

可以说，这家公司的董事长打出了一场迅雷不及掩耳的闪电战。它之所以能够迅速地成交，在于谈判对手也有迅速签约的打算。矿主急于尽快偿还债务，达成交易的心情迫切，“只要质量好，价钱便宜，你们说了算。”这样一句果断的话自然会让谈判对方也作出果断地回应。如果没有这一客观条件，单方面讲求迅速往往会导致“欲速则不达”的结果。在多角竞争或有多角竞争的潜在威胁的时候，速度具有决定性的意义。否则，拖拖拉拉，贻误战机，就会让你的对手捷足先登。

2.下最后通牒

美国的一家航空公司要在纽约建立一座规模庞大的航空站，他们找到实力强大的爱迪生电力公司，希望该公司能在电价方面给予优惠。由于是航空公司有求于电力公司，于是电力公司自以为掌握了谈判的主动权，奇货可居，所以态度非常强硬，他们推说如果给航空公司提供优惠电价，公共服务委员会将不予批准，所以他们不敢擅自作出降低电价的决定。

面对谈判中出现的这一难题，航空公司马上作出相应的反击，他们声称，如果电力公司不提供优惠电价，他们只得停止谈判，立即抽调一部分资金，自己建厂发电，这就意味着电力公司将失去一个最大的用户，其经济损失将是不可估量的。

航空公司此言一出，电力公司便慌了神，他们马上改变了原来的傲慢态度，找到公共服务委员会，请求委员会从中说情，表示愿意给予航空公司最大的优惠价格。于是两家公司顺利地达成了协议。

航空公司在这次谈判中之所以能以优惠价格达成协议，就是因为他们抓住了电力公司害怕失去这单生意的心态，然后对其下了最后通牒，权衡之下，电力公司只好答应航空公司的条件。

所谓最后通牒策略，是指当谈判双方因某些问题纠缠不休时，其中处于有利地位的一方向对方提出最后交易条件，要么对方接受本方交易条件，要么本方退出谈判，以此迫使对方让步的谈判策略。当然，高明的谈判者要想成功地运用这一谈判技巧，必须具备两个方面的条件：

（1）最后通碟必须使对方无法反击。如果对手能够进行有力的反击，就不称其为最后通牒。作为一个成功的谈判者，必须有理由确信对方会按照自己预期的结果那样去做。

（2）最后通牒必须使对方无法拒绝。 在对手走投无路的前提下，想抽身但又为时已晚的时候，你可以发出最后通牒，因为对手已耗费了许多的时间、金钱和精力，他已经没有了选择的余地。

下篇

懂心理才能会做事

第11章 洞察他人，做事前先把握对方的心理

要善于揣摩对方的心理

人与人之间进行的交往中，需要有效地揣摩对方的心思，了解其心理需求，才能够进行更为有效的交流。你不仅要清楚地了解对方的心理需求，更需要懂得如何“对症下药”。俗话说：“知己知彼，百战不殆。”在交往中，知彼很重要，它可以让我们掌握对方的一些信息，了解其心理需求。在实际交流中，我们就会借助那些信息以及对方的心理需求，进行“对症下药”，这样才能使双方之间的交流更加畅快而没有任何阻碍。

其实，每个人都有自己的心理需求，有的人喜欢听好听的话，有的人喜欢占点小便宜，有的人喜欢别人的赞赏，有的人喜欢表现自己。这其实都是形形色色的人的各种不同的心理需求，而当他们在某一固定阶段也会有其固定的心理需求，这当然要从其具体生活坏境或工作坏境，还有其心理坏境来洞察其当时的心理需求。只要我们在交际中，能够有效地掌握对方的心理需求，再进行对症下药，就能够取得人际交往的成功。也许，了解对方的心理其实并不困难，我们通过仔细观察对方的言行举止就可以洞察对方在想什么，需要什么。而更为重要的就是如何进行对症下药，当面对有着不同心理需求的人，我们就需要投其所好，迎合对方的心理需求，寻求对方的一种认同感，消除对方的戒备心理和警惕心理，有效地进行思想上的沟通。

袁世凯窃取了辛亥革命的革命果实，掌握了中华民国临时大总统权力后，整天做着自己的皇帝梦。一天，袁世凯正在午睡，一位侍婢端来参汤，准备等袁世凯睡醒后喝。谁知这位侍婢在进门的时候，一不小心差点摔倒了，虽然把自己身子平衡住了，但却将手中珍贵的羊脂玉碗打翻在地，化为碎片。玉碗的破碎声惊醒了袁世凯，他一见自己心爱的羊脂玉碗被打得粉碎，气得脸色发紫，大声吼道："今天俺非要你的贱命不可！"

在这关键的时刻，婢女连忙跪着哭诉："这不是小人之过，婢女有下情不敢上达。"

袁世凯大骂道："快说快说，看你死到临头，还能编出什么鬼话。"

侍婢哭着回答："小人端参汤进来，看见床上躺的不是大总统。"

"混账东西，"袁世凯更加怒不可遏，"床上不是俺，能是啥？"

"小人不敢说，怕人哪！"婢女哭声更大了。

袁世凯气得陡然立起，咬牙切齿地说："你再不说，瞧俺不杀了你！"

"我说，我说。床上，床上……床上躺着一条五爪大金龙！婢女一见，吓得跌倒在地……"

袁世凯一听，心中不由一阵狂喜了，心想：原来自己真的是真龙转世，一定会登上梦寐以求的皇帝宝座的。顿时，袁世凯怒气全消，还拿出厚厚的一沓钞票为婢女压惊。

那位婢女是何等的聪明，她整日侍奉袁世凯，当然对他梦想当皇帝的心理体察入微。当宝碗玉碎，自己的命眼看就要没了，她情急智生，顺口编出"五爪金龙惊落玉碗"的故事。而这个故事正是对袁世凯心理需求的对症下药，满足了其心理需求，顿时使袁世凯转怒为喜。于是，婢女不仅拣回了自己的小命，还得到了意外的赏赐，这就是她不仅了解了袁世凯的心理需求，更懂得如何对症下药。由此可见，我们在人际交往中需要了解对方的心理需求，懂得如何对症下药是非常重要的。

西方哲学家马斯洛说，人的需要由低级向高级分为五个层次，排列为：生理的需要，安全的需要，从属和爱的需要，尊重的需要，自我实现的需要。而我们需要做的就是将这些对方的心理需求应用到交流之中，学会洞察人心，了解对方最为迫切的心理需求，有的放矢，并且采用“对症下药”的方式予以满足，就会使之产生所需求的行为。一般来说，人与人之间大多是通过语言或行为进行交流，那么首先你就要在这两方面下工夫。

1.面对不同个性的人

有的人喜欢听好听的话，那么你不妨投其所好，适当地对他说一些好话，就会赢得对方的好感；有的人不喜欢别人的恭维，那么你在说话时就要把握好一个“度”，言语真诚而不显阿谀，态度友好而不显谄媚。语言是人与人之间交往最基本的工具，所以你在交往中面对不同心理需求的人，要对症下药，说到对方的心窝里，才能够打动对方，从而进行卓有成效地沟通与交流。

2.面对有着不同兴趣的人

不同的人有着不同的兴趣爱好，那么你在与其交谈的时候，不妨巧妙地把话题引到对方所感兴趣的话题上来。比如，他比较喜欢收集纪念品，那么你不妨也谈谈关于收藏的价值，就会激发其谈话的兴趣；他比较喜欢音乐，你就不妨说说当下最流行的音乐。总之，他的兴趣爱好是什么，你们在进行语言交流的时候，最好是利用对方的兴趣爱好进入话题，这样才能使对方消除戒备心理，对你有一种认同感。

其实，我们所面对的那些形形色色的人，他们都有着自己的性格，有着自己的兴趣爱好，有着自己的心理需求。不管对方有着怎么样的心理需求，只要你能够有的放矢，对他进行对症下药，满足其心理需求，就会在交往中取得主导权，成为交际中的大赢家。

要了解交际中的“规则”

每天，我们都会为了不同的目的，不得不与各种各样的人打交道。但是，实际的人际交往并不是想象中的那么简单，它并没有完全被我们掌控在手中。为了更加有效地进行人际交往，我们必须了解人际交往中的“潜规则”。人际交往中的潜规则主要是指一些人际交往的心理原则，需要避开的人际交往的雷区，需要掌握的交往中的原则。

下面我们就来作一个较为详细的介绍。

1.人际交往的心理原则

我们每天所面对的是纷繁复杂的人际关系，虽然每个人在人际交往中都有着不同的目的、要求和期望。但是，经过心理学家的仔细分析，发现在人际交往中有着共同的心理原则可寻。他们总结出了四条人际交往的心理原则，即交互原则、功利原则、自我价值保护原则以及同步变化原则。

（1）交互原则。

一般情况下，人与人之间的交往是建立在互相重视、互相支持的基础之上的。因此，只有遵循了交互原则，才能够在人际交往中获得成功。古人云：“爱人者，人恒爱之；敬人者，人恒敬之。”其实，在人与人之间的交往中都是相互作用的。如果你愿意与对方交往，那一定是你比较喜欢对方，对他的某些方面比较认可，才会产生出一种好感；反之，如果你觉得对方身上存在着太多自己无法认同的东西，那么你就从心里生出一种厌恶情绪，这种情绪就会使你在交往中拒绝与对方进行交流。

同样的道理，如果你想得到对方的认同、接纳，那根本的前提就是你自己也要喜欢、承认和支持别人。一般而言，那些喜欢我们的人，我们才愿意接近他们；而那些厌恶我们的人，我们也会避而远之。之所以会存在这种交互原则，是由于每个人都有维护自己心理平衡的本能倾向，这就要求我们在人际关系中保持一定程度的合理性和适当性，并且试图根据这种适当性、合理性来处理自己与他人之间的关系。

（2）功利原则。

我们在日常生活的人际交往中，都是在互相平等的基础上进行的，这就需要我们把握彼此的功利性原则。功利性原则就是包括金钱、财物、服务，另外还包含了情感、尊重等。也就是说，每个人在进行人际交往时都是抱着一种功利的心态，希望通过交往能够有所收获。实际上，我们在这里所说的功利性并不就只是说是关于金钱、财物，它也有可能是情感、尊重。有时候，我们结实了一个好朋友，其实是为了从对方那里获取支持、关心、帮助、情感依托，等等。当然，这样的功利性也是相互的，是建立在交互原则的基础之上的。

（3）自我价值保护原则。

通过大量的社会心理学家的研究证明，每个人在进行人际交往时都会有一种防止自我价值遭到否定的自我支持倾向。也就是说每个人在与他人交往时，都怀着一种戒备心理和警惕心理，这是极为正常的。因此，当你在遇到对方不愿意轻易向你吐露秘密时，你应该明白对方只是在进行自我保护，需要正确地理解对方，并且在人际交往中遵循这样一个原则。

（4）同步变化原则。

一般情况下，我们在进行人际交往中会发现，那些我们越来越喜欢的人，对方也在越来越认同我们；而那些随着交往的深入，渐渐不喜欢我们的人，我们也会与对方保持一定的距离。其实，人际交往中的同步变化原则，也就是人际吸引水平增减的原则。

2.需要掌握的人际交往原则

我们在进行人际交往中，不仅仅是了解了交往的共同心理原则，还需要以此为依据，懂得一些在实际交往中需要遵循的原则。只有掌握了这些人际交往的原则，我们才能够在人际交往中应付自如。

（1）自尊自爱。

我们在人际交往中，首先就是要懂得自尊自爱，千万不要期望“天上掉馅饼”的美事，也不要热衷于接受来自对方的馈赠。当然，如果是朋友之间赠送的一些小礼物，这样可以更好地联络感情、增进友谊，这自然是极为正常的。但是，若是对于初次见面的朋友，或者是异性朋友，则最好地谢绝对方的礼物，不要来者不拒，这样很容易使自己受制于人。

（2）平等原则。

人与人之间的交往，是建立在互相平等的基础上的。在交往中，双方在人格上都是平等的，你千万不能因为自己资历老、学历高，就摆出一副盛气凌人的姿态，这会对你的交往极为不利。

（3）真诚原则。

人与人之间的交往贵在真诚，只有真诚才能打动人心，赢得别人的好感。在交往中，只有你以诚待人，才会同样赢得别人的真诚相待；如果你为人比较世故圆滑、尔虞我诈，那么你就永远不会有真诚的朋友。

（4）保持一定的距离。

在进行人际交往时，我们一定要保持适当的距离，不要太过于亲近。因为，人与人之间的交往本来就存在着一定的心理距离，每个人都会出于一种本能而生出一种自卫心理。如果你对他人过于亲近，会引起对方的不安全感，也会影响双方之间的关系。

3.人际交往的禁忌原则

我们与人进行交往，都是希望我们的交流能够顺利有效地进行，而不是使双方有交流障碍，更不是让双方之间关系恶化。因此，这就需要我们在人际交往中避开一些雷区，注意一些应该禁忌的原则。

（1）忌谈论他人的隐私。

每个人都有一些不愿意公开或不必公开的秘密或者事情，那么我们在交往时就要学会尊重对方。即便是你了解了对方那些不为人知的秘密，你也千万不要与人谈论对方的隐私。因为对于对方来说，那些不必公开的情况，有可能是缺陷，有可能是秘密。如果你对此进行大肆宣扬，就会伤害对方的自尊心，也会使你们的关系恶化，把自己推入一个孤立无援的境地。因为，没有谁愿意与一个喜欢谈论别人隐私的人交往。

（2）忌使用粗鄙的语言。

有的人在人际交往中，或许是有意无意地经常使用到一些粗野的语言，甚至满嘴丑话、脏话，简直是不堪入耳。其实，无论你是文化素质低，还是出于一种习惯。你都要让自己尽可能地避开这种情况，因为没有谁愿意与一个满嘴脏话的人进行语言上的沟通，对方甚至不屑与你进行交往。

（3）忌浅薄无知。

很多人在人际交往中，喜欢不懂装懂，经常拿出一副教训人的口吻，但是所讲的都是外行话，言不达意。其实，这样的人是最不受欢迎的，即便是你对于某方面的知识比较欠缺，也要学会谦虚谨慎，不耻下问，千万不要妄加议论，在他人面前表现自己浅薄无知的一面，这只会把自己推入一个尴尬的窘境。

要具备察言观色的洞察力

一个人要想识破人心，其所具备的诸多能力是不容忽视的，其中，洞察力是基础。何谓洞察力？顾名思义，洞察力就是指深入事物或问题的能力，从字面意思理解为对于山洞的观察，我们都知道，在山洞中除了洞口的地方被阳光照射之外，其他的地方是越深越黑暗，在这样的情况下，就需要有敏锐的观察能力了。弗洛伊德说："洞察力就是变无意识为有意识。"实际上，洞察力的实质就是透过现象看本质，在观察一个人的时候，学会用心理学的原理与视角来归纳总结其行为表现。由此可见，洞察力是窥探人心的基础力，换句话说，就是要做到察言观色。在现实社会，人们往往不愿意袒露自己，而是将真实内心隐藏在深处。这时候，就需要我们具备一定的洞察力了，一个人的真实意图往往流露于不经意的举手投足间，外溢于外形容貌中。有了敏锐的洞察力，我们才能够破译对方的真实心理，就能迅速准确地看透对方心理，从而掌握人际交往的主动权，成为人际博弈中的赢家。

有一次，高尔基和两个作家朋友到一家饭店就餐。坐下后，高尔基建议来一次看人比赛。大家随便选定一位顾客进行瞬间观察，说出自己观察所得的印象，谁说得最准确、最细致，谁就是胜利者。

他们选定了一位正走进来的顾客。高尔基通过仔细观察，说出他的大致特征：脸色苍白，身穿灰色衣服，双手细长且微微发红。作家安德烈耶夫则看出他衣服的颜色不对。另一位作家布宁说得更详细了：身穿灰色衣服，搭配了一条带小花的领带；双手细长且红，小指甲还有点不正常。他还根据此人的举止、神色，猜测此人可能是个骗子。大家向饭店的主人一打听，果然不出布宁所料。

布宁通过对那位顾客外表、服装、举止、神色等多角度的仔细观察，猜测他有可能是个骗子。结果通过饭店证实了他的猜测。在这个案例中，布宁识人成功的原因在于他拥有较高的洞察力，如此，才能看出那位骗子表面的掩盖物。

苏轼是一个识人的高手，我们可以从其平生一二事来窥其识人的本领以及过人的洞察力。

当时，有一个叫谢景温的人，与苏轼关系很不错，两个人常常在一起谈论诗文，褒贬古今。有一次，苏轼与谢景温到郊外游玩，无意间看到了一只受伤的小鸟从树上掉下来，苏轼刚想把小鸟拾起来，谢景温却抬脚就将那只小鸟踢到一边。虽说，这是一个漫不经心的东西，苏轼的心却凉了半截：这样一个轻贱生命，损人不利己的人，不可深交啊。后来，他渐渐疏远了谢景温。果然，后来谢景温为了讨好王安石，全然不念之前的交情，加害苏轼，企图将其治罪。

早年，苏轼有一位姓章的朋友，在苏轼任凤翔府节度判官的时候，两人去山中游玩。在仙游潭的时候，眼看前面是悬崖峭壁，只有一根独木桥相通。这位姓章的朋友提出让苏轼过桥，在绝壁上留下墨迹，苏轼不敢。却没想到，那位姓章的朋友神色平静地轻松走过，然后用绳子系在树上，以高难度的手法在陡峭的石壁上留下了“苏轼章某来此”几个大字。苏轼长叹曰：“能自拼命者能杀人也！”后来，章某当上了宰相，有了权势，对人毫不手软。因与苏轼政见不合，对苏轼也痛下棘手，将其贬至偏远的惠州。

从上面两个故事中，可看出苏轼过人的洞察力。只凭一个踢小鸟的动作，看出朋友是一个轻贱生命、损人利己的人；凭着朋友脸色平静过独木桥，只为留下几个大字，可看出朋友是一位为了求得目的不惜杀人的人。苏轼对这两个的朋友的判断，事实证明，都是极其准确的。而苏轼能够有如此的识人本领，就在于其高超的洞察力。那么，在人际交往中，如何才能使自己具有高超的洞察力呢？

1.看出他人的伪装

人都是善于伪装的动物，每个人都生活在一个伪装的世界里。无论我们接受与否，这一点都是客观存在的。在现实生活中，每个人都扮演着不同的角色，随着对象的不同，那么，其角色与言行也是不同的。如何才能揭开对方的真面目？这就需要一定的洞察力，看透其表面的掩盖，洞悉对方的真实意图。通过其不经意表露出来的言行、神态，窥探其真面目。识人心最关键的一点就是你能够看出对方是如何掩饰自己的，所谓透过现象看本质，只要你具备一定的洞察力，就能够从对方的言行中窥出端倪、看出破绽了。

2.培养自己的洞察力

在现实生活中，我们常常会碰到这样的事情：明明是曾经的好姐妹，但在自己需要帮助的时候，却在背后捅上一刀；明明是可以信任的朋友，却会在你将重要事情托付给他以后，给你来个釜底抽薪。为什么会这样呢？诚然，其中有对方的关系，但很大部分的原因在于自己不会识人。能够识人，就需要敏锐的洞察力，如此，你才能知道什么样的人能当朋友，什么样的人需要小心提防。在与人交往的过程中，需要用心观察，仔细思考，这就是洞察力，如此，才不被蒙蔽，才能够透过现象，看出一个人的本质来。

刺激其欲望，促成大事

在日常交际中，我们与对方的交流沟通，实际上就是一场心理的较量。而且，彼此都带着各自在意的重点，以此来达成共识。如何才能打动对方呢？这需要我们仔细观察，从对方言语中抓住对方在意的重点，再以其在意的东西作为利诱，这样一来，对方肯定会心动，而不得不答应我们的请求。而且，我们在以其在意的东西作为利诱，如此来暗合对方的心理，这样会让对方感到很受尊重，在无形之中，也拉近了彼此的距离。有时候，对方在意的东西往往是他的把柄之一，有可能他会为了在意的东西而放弃之前所提出的条件，此时，我们趁机而入，对方就会在交流中败下阵来。

三国时期，邓芝受命出使东吴。他到了东吴，孙权对他很怀疑，因此不肯接见。过了两天，邓芝给孙权写了一封书信。孙权一看，只见书上写道：“臣今到此，非但为蜀，并且为吴。若大王不愿见臣，臣就走了。”孙权犹豫不定，一些大臣也都想刁难一下邓芝。后来，孙权采纳了张昭“先给邓芝个下马威”的意见，在殿前放一个沸腾的油鼎，命武士各执兵器，站立在两侧，召邓芝入见。

邓芝听孙权召见他，便从馆舍出来，毫无惧色，昂首走入大殿。邓芝进入殿内，就对孙权说：“我特为吴国利害而来，大王却设兵置鼎，以拒一儒生，可见大王度量太小。”孙权听后，觉得很惶愧，忙令人赐坐。邓芝问道：“大王欲与魏和呢？还是与蜀和呢？”孙权说：“孤非不欲和蜀，但恐蜀主年幼国小，不足敌魏。”邓芝侃侃道：“大王为当世英雄，诸葛亮亦一代豪杰。蜀有山险关隘，吴有三江，若互为唇齿，进可兼并天下，退可鼎足峙立。如大王甘心事魏，魏必然会征大王入朝，索王子做质子，一不从命，便起大兵讨伐，那时蜀国再顺江东下，臣恐大王两面受敌，江东之地不能复有了，请大王熟思！”为赢得孙权的信任，表示诚意，邓芝又说：“若大王以为愚言是不可取的谎言，吾愿立即死在大王面前，以杜绝说客之名。”说着，撩起衣服，就装做向油鼎跳去。孙权忙令人将邓芝拦住，请入后殿，以上宾之礼相待。

刚开始，孙权不愿意接见，邓芝就直言不讳地说：“臣今到此，非但为蜀，并且为吴。”不仅为蜀国而来，也为吴国而来，似乎蜀国与吴国有着牵扯不清的关系。后来，在整个谈判过程中，邓芝详细地解释了：“诸葛亮亦一代豪杰，蜀有山险关隘，吴有三江，若互为唇齿，进可兼并天下，退可鼎足峙立。如大王甘心事魏，魏必然会征大王入朝，索王子做质子，一不从命，便起大兵讨伐，那时蜀国再顺江东下，臣恐大王两面受敌，江东之地不能复有了，请大王熟思！”原来，蜀吴两国是互为唇齿，如果蜀国没了，那吴国的屏障也就失去了，这样一来，大家岂不是在同一条船上。最终，孙权明白了其中的利害关系，他被邓芝一番恳切的言辞打动了。

小娜是一位节油制汽车推销员，这天，她约见了一位客户，这是一位拥有三辆车的店主。小娜想：对于这样一位客户来说，他最在意的是怎样能节约汽油费，以此来缩小店里每天的开销，如此达到最大的盈利。

于是，有了这样的想法，小娜一开口就礼貌地询问：“先生，请教您一个所熟悉的问题，增加贵店利润的三大原则是什么？”客户好像很乐意回答这样的问题，他回答：“第一，降低进价；第二，提高售价；第三，减少开销。”小娜立即抓住话题说下去：“你说的句句是真言。特别是开销，那是无形中的损失。比如汽油费，一天节约20元，你想过多少吗？如果贵店有3辆车，一天节省60元，一个月就有1800元。发展下去，10年可省21万元。如果能够节约而不节约，岂不等于把百元钞票一张张撕掉？如果把这一笔钱放在银行，以5分利计算，一年的利息就有1万多元，不知您高见如何，觉得有没有节油的必要呢？”听了小娜这样的分析，客户觉得自己应该解决这种不利情况，最终购买了节油制汽车。

对于任何一个有车一族来说，他所在意的就是如何节约汽油费，而对于拥有三辆汽车的店主来说，这样的问题他会更在意。推销员小娜非常明白客户在意的重点，因此，在与客户交谈的过程中，她一点点地将话题延伸到节油的问题上，引起客户的注意，再通过一点点详细说明来博得客户的同意。既然汽车可以节油，为什么还要继续“浪费”下去呢？这样有力的说明打动了客户，于是，他会想法设法地用节油车来解决之前的“浪费”的不利情况，不得不购买推销员小娜的节油制汽车。

另外，在日常交际中，双方的沟通最忌讳彼此沉默不语，或者，自己在那里说得口若悬河，对方总是一副爱理不理的样子。那么，如何才能打动对方开口说话呢？最好的办法就是善于发现对方比较在意的东西，比如兴趣爱好，从对方感兴趣的东西说起，这样才会使整个谈话过程变得愉悦而畅快。

那么，哪些才是对方在意的重点呢?

1.找到对方的利益所在

就像案例中店主的利益所在一样，可能在每个人身上，他们都会有一定在意的关于利益的东西，有可能是金钱，有可能是名声，有可能是地位。那么，在沟通的过程中，我们要善于以对方在意的利益作为诱饵，以此达到打动对方的目的。

2.找到对方的兴趣所在

每个人都有自己的兴趣爱好，因此，在交流过程中，我们要想办法找到对方的兴趣点。可以在与对方交谈之前做好准备工作，打听对方有什么兴趣爱好；也可以通过自己的观察或提问来获得对方感兴趣的事情。

另外，为了获得更多有关对方的信息，更好地打动对方，我们需要让对方尽可能地多说话。所以，话题要先从对方的兴趣说起，这样顺势展开的话题会利于整个沟通的顺利进行。

妙用激将法，促成其事

在生活中，我们无论做什么事情都需要潜在的竞争，只有竞争才能激发内心自我超越的欲望，才能更好地把这件事情完成，甚至爆发出前所未有的潜力。而我们就是要善于发现人们的这一心理特点，在平时的交流中，通过一些灵活的方法，激发对方超越自我的欲望，从而促成其事。

有一家空调制造厂，因为员工一直完不成定额，主管非常着急，他已经用尽了所有的办法，说了好话，又是鼓励又是许愿，甚至还采用了“完不成定额，就走人”的威胁手段，可是还是没有一丝的效果。他只好向总经理作了如实的汇报。

总经理在主管的陪同下走进了工厂，当时，日班马上就要结束了，总经理问一位工人："请问，你们这一班在今天制造了几部空调？""5部。"那位工人回答。总经理没有再说话，只是拿了一支粉笔在地板上写下一个大大的数字"5"，然后转身离开了车间。夜班工人接班的时候，看到了那个"5"字，便问是什么意思，那位准备交班的日班工人详细地作了解释。夜班工人看着那个"5"字，越看越觉得刺眼。

第二天早上，总经理再次来到工厂，他看到夜班工人已经把那个"5"字擦掉，重新写上了一个大大的"6"字。而日班工人接班的时候当然看到了很大的"6"字，他们毫不示弱，抓紧时间干活。当天晚上下班的时候，他们在地板上留下了具有示威性的特大数字"9"。逐渐，情况有所好转，工厂的产量也大幅度增高。

如果领导希望能够圆满地完成工作，那么就要使员工之间形成良性的竞争，有了竞争，才会激发员工超越自我的欲望，才有可能超额完成任务。对于每个人来说，最大的竞争对手不是来自于他人，而是自己。他人的存在不过是为了激发自己内在的潜能，所以，我们在平时生活中也要善于激发他人争强好胜的心理，使他们能够有勇气战胜自己。

吴先生是一家大型企业的总裁，他就善于激发员工的好胜心而创造了一个又一个的奇迹。一次，吴先生新研发了一个新产品，他需要一位卓越的推销人才去为新研发的产品打通市场，这是一件异常艰巨的任务。吴先生经过几番斟酌，他选定了公司里一位颇具能力的新来员工。

"带着新产品去打通市场，怎么样？"吴先生轻松地问被召见的新员工，"我现在急需要一个有能力的人去给我做销售顾问。"

那位新员工大吃一惊，他当然知道这件任务的艰巨性。他不得不考虑自己的能力，考虑这是否是在自己的能力范围之内。

吴先生见他犹豫不决，便微笑着道："害怕了？年轻人，我不会怪你，这本来就是一件艰巨的任务，它更需要一个有能力的人来负责！"

这句话激起了那位新员工的好胜心，他最终接受了挑战，并引领着新产品开始了漫漫的销售之路。

好胜心与挑战是每个人的天性，对于很多事情，只要我们善于激励，对方就一定会以最大的热情去干，并干好这些工作。一个聪明的人应该善于激发他人自我超越的欲望，因为这确实是使对方振奋精神，接受挑战，顺利完成工作的最为可行的办法。如何使用激将法呢？

1.“冷水”浇头

每个人都有自尊心，有时候是因为某种原因使其自尊心受到压抑，出现自卑、气馁等现象。这个时候，你就应该直截了当地给他以贬低、羞辱、刺痛、激怒、用“冷水”浇头，就能使他精神一振，让他的自尊心从压抑状态中解脱出来，从而精神面貌焕然一新。

2.黑脸和白脸

有些员工其实很有才华，但是因为内心的自卑感，总担心自己会表现不好，这个时候，如果“一盆冷水把他从头浇到脚”，就会让他更加怀疑自己的能力，所以领导在使用激将法时不要太鲁莽，需要讲究技巧。对待这种自卑感的员工，需要采取“唱双簧”的方法，你可以找个人配合，一个唱黑脸，一个唱白脸，一搭一唱，会有很好的效果。

第12章 巧用人际关系，懂心理让你借力打力更容易

重用实力比你强的人

一般情况下，人们遇到实力比自己强的人第一反应应该是危机感，尤其是同处在一个工作单位中，往往会把他当做自身的威胁，会对自己的发展构成屏障，所以总是想办法去排挤，去竞争。这样的想法并不奇怪，也不要觉得羞耻，因为这是人在遇到这种情况时的一种自然反应，不过如果真的去排挤就会使工作团队不团结。你可以换一种方式令双方互相促进，那就是向其学习。如果你处在领导的位置上，你的下属能力比你强，那么你就要重用他。

1.贤才难得

作为一个领导，如果自己的手下有一个能干的人，那么无疑是自己的幸运。现在随着一些独生子女上岗工作，他们的吃苦耐劳精神显然要略低于他们的长辈们，在适应环境方面要稍差一些，所以即使有一些能力也会受到限制，因此想要找到一个得力的助手，一个有能力的下属并不是一件容易的事。另外，一个能力很强的下属能够使你的业绩逐渐的显现出来，被你的上司赏识。所以不要以为你的下属比你能力强就要取代你的位置，作为一个领导就要懂得领导的艺术，要让你的下属发挥他自身的才能，但是要注意这个过程中产生的“功劳”归自己所有，否则你的位置就真的有被顶替的危险。

2.嫉妒坏好事

嫉贤妒能是抑制和扼杀人才的一种腐朽、落后的畸形心理，尤其是在企业管理中，这样的思想无异于一颗毒瘤，慢慢腐蚀你的企业文化。作为一名管理者，要想把事业做大做强，就必须克服嫉贤妒能的心理，敢于任用比自己强的人。

建安五年春，袁绍准备率十万大军攻伐曹操。袁绍的谋臣田丰认为此举不足取，便对袁绍说："现在徐州已破，曹操军队锐气大增，不可轻敌，不如以久持之，待其有隙而后可动也。"袁绍发怒了："汝等弄文轻武，使我失大义！"田丰仍劝诫袁绍："若不听臣良言相劝，出师不利。"袁绍大怒，将田丰投入大狱，率兵出征。结果，官渡一战大败而归。田丰很了解袁绍的为人，他笑道说："吾今死矣。"狱吏很吃惊："人皆为君喜，君何言死也？"田丰说："袁将军外宽内忌，不念忠诚。若胜而喜，犹能赦我；今战败则羞，吾不望生矣。"袁绍回来，果然以妖言惑众的罪名将田丰杀了。

从这个例子中不难看出，袁绍就是这种心胸狭小，不愿意其下属发挥自己才能的人让别人知道自己不行。其实当今企业的管理者大有不愿意用比自己强的人的情况，这里面大多数人会觉得这些强过自己的人难以驾驭，觉得会给自己的管理带来麻烦，会影响自身的威信。其实，这都是嫉妒贤能的心理在作怪，如果你是领导，那么那套自己之所以是领导就是因为自己能力比别人强的想法还是放一放吧，为了工作，为了团队，也为了自己，打消妒意，这样会使你学到更多的东西，从而成为一名更加优秀的管理者。

3.眼光要长远

作为一名优秀的管理者要具有长远的眼光，不要只是盯着眼前的形势，处心积虑地去压制那些能力比你强的属下，要想办法让其为你效劳才是正道。

广告业的创始人奥格尔维在一次开董事会时，事先在每位董事的桌前放了一个玩具娃娃。"这就代表你们自己，"他说，"请打开看看。"当董事们打开玩具娃娃时，惊奇地发现里面还有一个小一号的玩具娃娃；打开它，里面还有一个更小的，最后一个娃娃上放着奥格尔维写的字条："如果你永远都只启用比你水平低的人，我们的公司将沦为侏儒公司。相反，如果你录用的人比你的水平还高，我们的公司将成长为巨人公司。”

作为管理者，要想方设法想到公司的前景，这样才能积极地思考怎么让比自己能力强的人为自己效忠，这样才能把企业做强做大。被誉为美国钢铁工业之王的安德鲁·卡内基说过：“你可以将我所有的工厂、设备、市场、资金全部夺去。但只要保留我的组织和人员，几年后，我仍将是钢铁大王。”

在人力资源越来越宝贵的今天，管理者要善于运用资源，这样才能够借力打力，在激烈的竞争中用较少的投入获得更多的效益。

发现下属身上的闪光点

在坊间流传着这么一个说法：“领导怎么看下属，都像猪。”虽然是个笑话，但是也在一定程度上体现了领导者的一种无奈，这是领导者就是在遇到下属不能够准确理解自己的想法，总是不能把事情办得和自己的想法一致时的一种表现。可是这并不能说明下属就是一无是处，或者非常笨拙，而是领导者没有注意下属的优点，这样只能给工作带来阻碍。每个人都有自己的优点，所以作为一个领导者要善于发现下属身上的闪光点，从而使下属能够更好地发挥自己的作用，把工作做好。

1.下属的闪光点是需要挖掘的

每个人都有自己的优点，只是我们平时不注意，所以就不会发现那些闪光点，尤其是领导对下属的忽视，更加不会发现下属身上的那些优点。因此，一个领导要善于观察下属平时的举动，最好是对下属有适当地研究，这样一来，才能够发现他们身上的优点与不足，从而更加了解下属，找到重用下属的方式，使工作能够更加顺利地开展。

三国时期的诸葛亮是中国历史上著名的军事家，他之所以能够运筹帷幄，决胜千里之外，就是因为他手上有很多能力很强的大将，可是读过《三国演义》的人都知道，这些著名的将领里面有很多人是有着很烦人的毛病的，特别是指挥起来让人头疼，但是诸葛亮之所以能够做到让他们心服口服，很大程度上是因为诸葛亮能够把握他们身上的优点，并且给他们机会发挥各自身上的优点，从而极大提升了蜀军的战斗力。

从诸葛亮的用兵之道中不难看出，没有完美的下属，只有高超的领导技能。要想找到自己的千里马就要先具备识别千里马的能力，也许你会觉得千里马还用识别吗，可是事实就是如此，你的下属也许是一匹不折不扣的千里马，可是如果你没有识别的眼光，那么现实也只能告诉你你没有千里马。

2.给别人提供展现自己的机会

如果你和一个能力很强的人共处一个舞台，那么你会选择自己独舞还是与其共舞呢？现在，很多人与人交往时，往往会使出浑身解数不厌其烦地来表现自己，生怕别人忽略了自己的存在。殊不知，这样做你不仅不会发现下属的闪光点，而且效果常常会适得其反。

作为一个领导，将自己能力展现给下属，获得大家认可，赢得人们的尊重，这当然是理所当然的，因为只有让别人看到你的能力，你才能够获得大家的认可，这样你才能去领导下属，否则难以服众。这个想法是正确的，但是这样做就很难将精力投入到发现下属闪光点的工作中去了，结果不但公司的工作不会有改进，而且使人才毁在了自己的手里。所以，这时候，换一种思考方式，情况就大不一样了，那就是给能力强的人一个展现自我的舞台，让他们尽情展现自己的闪光点。

给能力强过自己的人一个展现自己优势的机会，不仅可以让其能力得到发挥，从而激励他更好地把工作做好，而且对自己也是一个鞭策，从而使自己从中学到很多东西。所以，不要觉得下属总是一无是处，要善于发现他们的闪光点，获得共赢。

3.说出真心话

很多时候，下属并不知道领导发现了他的优点，并给他一个展现的机会，这时候可以通过适当的途径去告知他，从而使其能够感恩戴德，更加出力。

也许生活中平庸的人很多，可是如果能够发现这些人的闪光点，每个人都会变得不平庸，所以不要忽视每一个人那颗充满色彩和希望的心，尤其是领导者，要善于发现下属的优点，从而更好地为他们提供发挥他们才能的岗位，使整个团队在自己的领导下获得长足的进步。

尊重身份地位比你高的人

每个人都有尊严，每个人都需要被重视，被尊重，如果一个人眼中只有自己，总是无视他人，总是瞧不起他人，那么久而久之，这个人就会被别人以同样的方式对待。不过有的人会说与我们一样的人才是值得尊重的，而那些身份地位比自己高的人只能是自己的竞争对手，是自己超越的对象，然而在这样想的同时不要忽视一件事情，那就是那些比自己强的对手正是自己需要尊重的人。要尊重身份地位比你高，能力比你强的人，因为只有这样你才能够有办法去接触，去了解，去学习，从而获得愈加发达的人脉。

1.身份地位高的背后

很多人位高权重，这些身份和地位都是常人很难比肩的，不过人们只是看到了表面现象，这些光彩夺目的表现下面有着不为人知的故事，而这些往往都是充满辛酸和失望的，不过也正是这些不为人知的曲折经历造就了他光彩照人的现在。

欧弟是湖南卫视的著名娱乐主持人，他主持节目的风格为每一个看过节目《天天向上》的人喜欢，欧弟走穴的时候，他的粉丝总是非常疯狂地追逐，场面异常壮观。他是一颗闪耀的明星，一个有钱有地位的人，这是让每一个正在努力奋斗的年轻人所向往和追求的。可是欧弟的成名并不是一帆风顺的，更不是一朝一夕的，而是经历了常人难以忍受的痛苦经历，尤其是其父曾经负债累累，为了这个家，为了帮父亲还债，欧弟毅然出来打拼并支撑起这个家，通过不懈地努力，他才终于成为一个可以独当一面的主持人。

通过欧弟的例子不难看出，一个人光彩夺目的现在不是天上掉馅饼，而是需要经历不平凡的经历的，尤其是像欧弟这样并没有一个好的基础，却通过不懈地坚持和努力获得现在的成功，这样的荣誉是更加值得人们学习的。如果你依然对那些比自己身份地位高的人耿耿于怀，总觉得不公平或者自己命不好，那么就尝试着去接触一下那个你觉得不值得自己尊重的人吧，也许真正了解了这个人，知道了他背后的故事，你也就心服口服了。所以，身份地位比你高的人是有着他自身的资本的，是值得你尊重的。

2.摆正自己的心态

许多人在面对比自己身份高或者地位高的人的时候首先是一种酸葡萄心理，也就是觉得自己没有达到那个高度是因为自己没有机会，或者因为一些其他原因导致了自己不能够到达那个高度，如果自己想到那个高度，只要自己去做也是没有问题的。尤其当遇到那个身份地位比自己高的人是曾经和自己身份地位一样的人时，这种酸葡萄心理会更“酸”。

小张和小李都是某机关的干事，平时做一样的工作，所以能够经常接触，也有很多共同的话题，可是过了几年，小李升迁了，小张心理极为不平衡。有人问小张佩不佩服小李，小张却一脸不在乎，说自己只是没有和他竞争，淡泊名利，否则自己早已经升迁了。无论是在公共场合还是私下里，别人一和小张谈起小李，小张就一副不在乎的样子，而且有时还会加两句小李升迁完全是上面有关系或者偷奸取巧的原因，从来没有正视过这个问题，结果几年又过去了，小张仍在原来的岗位上打拼，而小李则又升迁了。

从这个例子中可以看出，一个人如果不对比自己身份地位高的人有一种尊重，那么他就不会去思考自己为什么会与别人有差距，也就找不到进步的动力和方式，从而使自己原地踏步。不思进取是非常可怕的，一个人要有自知之明，尤其是要思考那些曾经与自己并肩的人为什么会超越自己，然而，思考这个问题就需要以尊重比自己强的人为前提。

尊重身份地位比自己高的人，能够找到合适的方式与其交往，最好能够成为朋友，这样不仅能够让自己从中学到很多东西，而且拓展了人脉，会对自己办一些事有很大的帮助。

不要把自己当作全能的人

一个人的个人能力如果很强，那么他可以独自应付很多事情，但是这样的人不一定会成为一名领导者，这是因为他不会将自己手上的工作进行合理地分配，而是喜欢将事情拿过来自己做，别人只有看的份。这样做当然有好处，那就是任务的质量可以得到保障，可是如果需要在一个较短的期限内完成，那么一个人可能就会需要消耗很长的时间，不能保证在规定的期限内完成任务。再有一个就是自己独立去完成，而不会和别人合作，那么一个团队就如同虚设。所以，在一定程度上，一个人不能把自己当成全能的人，要懂得借用别人的帮助，借助他人的力量，从而使任务能够高效完成。

1.一个人的能力毕竟有限

历史上有很多人，因为自己能力强大，而傲视群雄，桀骜不驯，从来都是以一己之力力压八方，可是他们多数都是吃尽了苦头。这是因为一个人再强，他的能力也是有限的，而一个人再弱，几个人一起去做一件事情，力量也是强大的。

释迦牟尼在给弟子讲经时，突然停下来，看着远方问众弟子：“怎么才能使一滴水不干涸？”面对这个突如其来的问题，众弟子个个面面相觑，不知道怎么回答。释迦牟尼略作思索，然后意味深长地说：“把它放入大海里吧！”众弟子顿悟。

一滴水暴露在阳光下，很快就会被蒸发掉，那么当它被放到大海中，融入无数的水滴之中，就能够获得永生。仅仅凭借它自己，无非是从空中坠落或者湿润物体，那么将它融入大海之后，可以融合其他水滴的力量，便能够掀起巨大的海浪。这就像一个人，想完成一件难度巨大的事情，仅凭自己能力是有限的，然而一个团队的力量是无穷的。所以不要以为自己是全能，不需要任何人，要有团队意识，要在团队中和他人协作，这样才能使自己的能力合理分配，从而做成大事情。

2.要看到身边的人

一个人，尤其是身处团队的人，要能够看到自己身边的人，不能只是看到自己。很多人将自己看成全能，于是就不在乎身边的人会做些什么，也不会去和别人交流什么，自我意识很强，可是时间长了，就会发现自己的能力一直处在一个非常“稳定”状态，没进步，反而有所退步。所以，即使自己的能力很强，也要放下身段，能够摆正自己的心态，要学会主动去交往，要懂得如何去赢得别人。

那么建立良好的人际关系是赢得别人的一个前提，所以要同别人建立良好的人际关系，建立起一个丰富的人际关系世界，就必须做交往的始动者，处于主动地位。也许你并不善于去交往，但是你必须去尝试，这样你才能发现自身与他人的不同点，才能够真正感受到自己并不是全能的。

3.要学会借力打力

作为一个有较强能力的人，要学会将自身的优势发挥出来是很有必要的，更重要的是要知道怎样将自身的优势与他人的优势结合起来，这样才能发挥更大的力量。要学会借助别人的力量，这样不仅能够使你认识到自己的优势和劣势，而且能够获得更大的助推力，更重要的是你知道如何去与别人打交道，不但能够通过别人使自己向目标接近，而且能够拓展人脉，从而使你越来越强大。

随着社会的发展，社会分工越来越细化，不同企业之间的联系越来越紧密，企业的内部也需要一种默契的合作。各种组织之间由各种不同的关系和利益联系在一起，员工之间的合作变得更加重要，尤其是领导者，不仅要高瞻远瞩，给人们指引方向，而且要学会与下属配合。所以，每个人都不要把自己当作全能的人，要能够学会在一个团队里生存，要能够懂得借助人脉，学会借力打力，取得成功。

不要忽视亲人的力量

一天，一个小男孩在他的玩具沙箱里玩耍，沙箱里有他的一些玩具，在松软的沙堆上修筑“公路”和“隧道”时，他在沙箱的中部发现一块巨大的岩石。

小家伙开始挖掘岩石周围的沙子，企图把它从泥沙中弄出去。他是个很小的小男孩，而岩石却相当巨大。手脚并用，似乎没有费太大的力气，他边推带滚地把岩石弄到了沙箱的边缘。不过，这时他才发现，他无法把岩石翻过沙箱边墙、向上滚动。

小男孩手推、肩挤、左摇右晃，一次又一次地向岩石发起冲击，可是，每当他刚刚觉得取得了一些进展的时候，岩石便滑脱了，重新掉进沙箱。小男孩只得哼哼直叫，拼出吃奶的力气猛推猛挤。但是，他得到的唯一回报便是岩石再次滚落回来，砸伤了他的手指。

最后，他伤心地哭了起来。这整个过程，男孩的父亲从起居室的窗户里看得一清二楚。父亲来到了跟前，父亲的话温和而坚定：“儿子，你为什么不用上所有的力量呢？”垂头丧气的小男孩抽泣道：“但是我已经用尽全力了，爸爸，我已经尽力了！我用尽了我所有的力量！” “不对，儿子，”父亲亲切地纠正道，“你并没有用尽你所有的力量。你没有请求我的帮助。”父亲弯下腰，抱起岩石，将岩石搬出了沙箱。

人互有短长，你解决不了的问题，对你的朋友或亲人而言或许就是轻而易举的，记住，亲人也是你的资源和力量。亲人的力量是不容忽视的，他们会在你最需要帮助的时候最为无私和最为投入地为你提供他们所能够进行的帮助，因为亲人是没有第二种人可以替代的。所以，在你身处困境的时候，不要忘记了你的亲人。

1.每个人都有自己的短处

每个人都有长处和短处，在自己不能用长处去克服短处并发挥自身长处的时候，要知道如何去借助他人的力量，而不要总是碍于一些所谓的面子或者尊严，不想让别人知道自己哪里不行。其实这样想是过于保守的，也许你请人帮助你，这让对方知道了你的短处，但是这并不妨碍你去取得成绩，当你取得了这些成绩，别人也就不会觉得你的能力有多么让人怀疑了。所以，平时要正视自身的短处，想办法去弥补，而不是去遮掩。

其实短处也可以被看做是一个人面临的困境，就像故事中的小孩子面临一块大石头搬不上去一样，他一心一意地在做着，可是没有取得成功，这是因为他面临的困境已经不是他自己能够应付的了，所以这时选择让父亲来帮忙无疑才是解决问题的方法。

2.重视亲人

亲人是你处在困境时最能够给你支持的人，而且这样的支持从来都不会掺杂复杂的情感，而是那种非常质朴和直接的关心和爱护。也许一个人在外面风吹雨打，经历了很多挫折，那么亲人在身边，你就拥有了一个静谧的港湾，就能够做到让自己的心平静下来，所以永远不要忽视你的亲人。

3.家的温暖

亲人在向你伸出援手时，会与没有血缘关系的朋友有所不同，那就是可以让你体会到家的温暖，这种温暖犹如母亲的怀抱，能够将你瞬间融化，能够使你体会到心中的那种静谧，在这一刻，时间仿佛停止，一切都是那么美好。

不要忘记时不时地关心一下你的家人，你的亲人，他们是你起飞的原动力，也是为你在外打拼提供最有力保障的“后勤集团”。

第 13 章　会装糊涂，懂心理让你轻松玩转社交

大事不糊里糊涂，小事不过分计较

在这个世界上，聪明者数不胜数，而自作聪明者更是不计其数。那么，什么才算是真正的聪明呢？有人说，“真正聪明者，往往大事不糊涂，小事不计较”。这话不无道理。古往今来，聪明反被聪明误者比比皆是。倒是有些看似“愚笨”的人，却往往成为事实上最聪明的人。

宋太宗时，吕端任朝为官，他很少和人发生争执，对别人提出的意见也很少发表自己的见解。人们都说他糊涂，吕端也不分辩。有人问他：“你身为朝廷大臣，应当为朝廷进言，你对什么事情都不表态，这是为什么呢？”吕端回答说：“我不屑于在小事上纠缠不休，倘若涉及国家大事，我自然会说话的。”

有一次，宋太宗就国事征询他的意见，吕端反复谏诤，言辞十分激烈。宋太宗十分惊诧，对他说：“你平时不是这个样子啊，怎么这一次这般抗辩呢？”吕端郑重地说：“细枝末节不是为大臣者所管之事，若是在此劳神，便会误了大事。国事为大，臣的责任在于纠偏导正，事关天下命脉，岂敢推托保身呢？”听了这番话，宋太宗从此对吕端刮目相看。

后来，宋太宗力排众议，任命吕端为宰相。群臣心有不服，宋太宗便对他们说：“吕端小事糊涂，大事上却从不糊涂：他忠心为国，不计私利，这才是

君子行为啊。”

“大事聪明小事糊涂”，这是一种心理战略，也是一种豁达心态，如果你能做到这点，那相信你的聪明定会让你的社交之路越来越顺畅：

1.正确认识大事的内涵

何为大事？影响全局的事为大事，决定整体的事为大事，范围内的工作之重为大事，也就是说以结果来评价事之大小，而不是以事之大小决定结果。

2.学会反思，做好自己

遇事要先反思自己，别人这样做、那样做必然有他的道理，心里不平衡可以理解，但却要适可而止，把大多的心思放到工作上，用成绩和能力来证明自己的价值。

3.大度一点，不计较

急于证明自己清白而为一些小事一争到底的人是愚蠢的，这样做只会白白地损害自己的形象，惹人耻笑。如果你能更大度一点，对这些无关紧要的小事一笑置之，那么你一定会赢得更多人的尊敬。

“小事糊涂，大事聪明”是说人一生不应对什么事都斤斤计较，该“糊涂”时“糊涂”，该聪明时聪明；“糊涂”是经常的，聪明是偶尔的。一味“糊涂”，会让人瞧不起；一味精明，又会“聪明反被聪明误”。

留点瑕疵，犯点小错更可爱

陈琦，今年30岁，是北京一家大型公司的业务部部门经理，性格开朗，风趣幽默。可是，自从年初招来一名助理王月月后，陈琦就陷入了苦恼之中。

原来，王月月是一个典型的上海女人，做起事来一丝不苟，中规中矩，对于完美简直是一种苛求。就拿与客户谈生意来说吧，陈琦还没作任何要求，王月月就已写出详细的业务计划和预算，包括跟客户交谈阶段的安排以及具体的会谈内容、目的及实施方法等。可是，陈琦平时并不是这样工作的，他是一个聪明而且善于应变的人，很多时候全凭灵光乍现，取胜常在出其不意之间。

这样一个苛求完美和细节的助手王月月，虽然帮了陈琦不少忙，但使陈琦深感压力倍增，如此完美的助手让他也感觉自己的职位岌岌可危，后来，陈琦便找了个借口，把王月月调到了其他部门。

人们一直力求完美，然而完美却并非想象中那样会受人欢迎。完美给人的感觉往往是距离，容易让人感到自卑与压力。如果一个精明的人，不经意间犯了点小错，反而会给人一种惊喜感，“原来你也有出错的时候。”便会觉得此人与常人并无不同，反而会从心理上拉近距离。

杜阳在某公司人事部工作。有一天，企划总监突然叫他整理一份优秀员工的资料。据知情人士透露，这其实是一次考试，它将关系到杜阳是否还能继续在人事部待下去。对这样的材料，杜阳本来并不感到为难，但有了无形的压力，便不得不格外用心。他熬了一个通宵，写好后反复推敲，又抄得工工整整，第二天一上班，就把它送到了总监的桌子上。

杜阳很快完成任务，字又写得遒劲、悦目，而且内容、结构上也没有什么可挑剔的，总监当然高兴了。可是，当总监快看到最后时，笑容渐渐没有了。最后，他把文稿退回，让杜阳再认真修改修改，满脸的严肃。杜阳转身刚要迈步，总监像突然想起了什么似的说：“对，对，那个‘副经理’的‘副’字不能写成‘付’，改过来，改过来就行了。”就这么简单！总监又恢复了先前高兴的样子，一个劲儿地夸道：“来得快，不错。”考试自然过关，还是优秀呢！原来，杜阳怕自己写得太好，盖住上司的光芒，故意写了一个错别字，把“副”写成了“付”。

善于处世的人，常常故意在明显的地方留一点儿瑕疵，或是偶尔犯些无足轻重的小错误，这样的话。即使你“木秀于林”，也不会招来“风必摧之”的下场。要知道，“众人皆浊我独清”是一种非常危险的状态，没有人乐意让一个“异己”长久地立于身侧。

那么，故意犯点小错，到底能给他人心理上留下什么样的感受呢？

1.故意犯点小错，能让对方与你更亲近

高冷的人难以让人接近，在交际中容易被孤立，所以大家还是亲近点较好，毕竟社会是一个普遍联系的整体。不管你地位多高，能力多强，想要与人亲近一点，想让自己的人际关系更为和谐，请给人留下一种亲切感，这样你的人缘才会越来越好。

2.故意犯点小错，能减少别人对你的嫉妒心理

适当地把自己安置得低一点儿，就等于把别人抬高了许多。当被人被抬举的时候，谁还有放不下的敌意呢？既然人不是上帝，那么适当地犯点小错，相信人人都能够谅解。并且，你的这些小错误也给了别人自尊心上的满足，这样，别人才不会因为嫉妒而攻击你。

3.故意犯点小错，能让对方感受到你的真实

其实，你的“小错”会让人看到你可爱真实的一面。缺乏真实感的人际关系会给人一种不安全感。在严肃沉闷的职场中，看惯了千篇一律的职业化脸孔后，你的精灵可爱会给人清风拂面的感觉，加深对方对你的印象。

如果你总是在人群中表现得过于完美，那你就会让身边的人产生压力。为了摆脱这些压力，他们就会在下意识中和你保持距离。如此一来，你也就无法完成和别人的交往与沟通。久而久之，你的交际能力也就会随之下降，无论是你的生活还是工作都会受到严重的影响。所以，大家为了能在社交中获取更多人缘，适当收敛一下锋芒还是很有必要的。

适当装傻，不必事事刨根问底

谭琳和老公庆哥已经结婚一段时间了，一直以来他们都生活的很幸福，在朋友面前，谭琳总会给庆哥留下足够的面子，庆哥也因此非常疼爱她。如果庆哥有什么事情做错了，谭琳也不会像其他女人那样大声地吵闹，而是在聚会过

后，将小纸条偷偷地塞在他的衣服兜儿里，这样，庆哥自然对她当时的装傻和事后的提醒很领情。

谭琳和庆哥的感情一直都很好，她从来没有怀疑过自己的老公，但庆哥最近的一些异常行为却让谭琳很不解。近些天来，庆哥每天都早出晚归，谭琳也知道公司里的工作很多，所以也就没有开口询问。庆哥做事都是心不在焉的，好像有什么事情瞒着谭琳，每天神经兮兮的，电话一刻都不离身，而且只要电话一响，庆哥就表现得异常紧张，甚至有些手忙脚乱。

谭琳知道庆哥心中一定有事瞒着自己。后来她趁庆哥洗澡的时间，打开他的手机，看过其中的信息后才知道，是他原来的女朋友晴雨又回国找他了。（谭琳的老公和他的前女友晴雨本来同在一家公司上班）这件事对谭琳来说确实非常棘手。因为她知道庆哥的心里一直都没有完全放下晴雨，现在人家找上门来，而庆哥又表现得惊慌失措，看来是该采取些行动了。

某天，谭琳在庆哥上班后打扮得漂漂亮亮地跟着去了他的公司，巧的是庆哥的前任女友晴雨正好也在办公室。谭琳整理一下情绪，推开门："啊，这不是晴雨吗？你回国了啊？什么时候回来的呢？你看看你也不通知一声，我好准备准备，这样吧，今晚上去家里坐坐，咱们好好庆祝一下，这么多年不见，我这个当嫂子的都想你了。"此时庆哥的头上已经冒出来虚汗，谭琳又转向庆哥说："老公啊，我刚从附近超市买的一些吃的，看你最近挺累，所以就顺道给你拿上来一些糕点。"谭琳知道庆哥的心里在想什么，于是又说："要不这样吧，你们有事先谈，东西放这里，你们吃，我先回去收拾收拾，晚上晴雨过来吃顿饭，咱们好好聚聚。"晴雨赶忙开口："哦，嫂子，真不用，我是来公司看看大家，时间不早了，你们先聊，我回去了。"晴雨狼狈地逃离了。

晚上，庆哥回家，谭琳还高兴地向他提出要去请雨来家里聚餐。庆哥微笑着说："老婆，你别多想，我知道我不应该跟她见面，主要是她回国了，没什么其他的熟人，就找我谈了谈工作方面的事情，但是最终她还是决定在国外发展。我们是不可能的。"

谭琳笑了笑，说："我相信你，是你多想了。"从此以后，庆哥对谭琳越来越好，因为他知道他的妻子是一个值得珍惜的人。

古人说："水至清则无鱼。"世上有些事情必须泾渭分明，而有些事情却不必过分认真，甚至还须装点傻。一个懂得适当装傻的人才能更为适应社会的生存法则。

装傻即大彻大悟型，他们知彼知己，事事预料如神，可就是宁可烂在肚里也不说，总摆出一副什么都不知道、什么都不清楚的样子。他们不管处在什么样的环境中都能够左右逢源，活得游刃有余。

"装傻"是一门学问，在交际中，想要从心理上赢取对方，你必须懂得"装傻"，具体做法大家可以参考以下几点：

1.要有不怕出丑的心态

有时候适当让自己出点丑，不仅会赢得他人更多的好感，还能在暗中获得竞争的胜利。毕竟，没有人愿意跟一个哪方面都比自己强的人在一起，人们更愿意和那些能力不如自己的人待在一起。所以说，适当出丑既是人际交往的常用法则，也是富有智慧的竞争之道。

2.细枝末节的事情要忽略

我们平时在日常生活中，往往为了一些小小的事情而伤了和气。此时，静下心来想想，那真是得不偿失。"小不忍则乱大谋。"我们在细节上千万不要牵扯过多的精力，否则，"一着不慎，满盘皆输"。

3.学会配合他人的聪明

要想学会配合别人的聪明而"装傻"，就要做到：能理解别人在说什么，却永远不表现出比别人懂得多；能看到别人的错误，却永远不会当面直斥其非、指责其误，而是巧妙地转换话题，找个台阶给对方下。这些都是大智慧的体现。

在这个主张表现和竞争的年代里，真正聪明的人们早已开始渐渐地隐藏起来，他们都不再急于证明自己的才智，更不再害怕别人说自己"傻瓜"。因为他们懂得道家所说的"愚"与"智"的含义，因为他们懂得如何保护和升华自己。

精明过度，聪明反被聪明误

在日常生活中，有一些精明者。他们处处要显得比别人更加讨巧投机。他们总在算计着别人，以为别人都不如他们聪明，而可以从中揩点油，讨点便宜。好像他们这样做就会过得比别人好。其实，这样的人很令他人讨厌，他们的精明过度导致没人愿意与之交朋友，慢慢的，他们也就变得孤立起来，生活也就缺了很多乐趣。

王子珊在一家网络公司做策划。可以说，她是个很有能力的人，她思维开放，口才好，而且非常聪明，不管是经理还是同事都非常欣赏她。一有重要的事情，经理总是让她去做。对此，王子珊也从来不谦让，她觉得自己能力出众，应该得到重用。

王子珊不但一个人独自垄断了经理下派的所有任务，还经常去抢下派给其他同事的工作。她总是说："这个策划方案的确不好做，要不我做吧，上次你没写好，领导就批评你了，我觉得我能挑战这个难度。"一次两次，大家都觉得没什么，可是时间久了，引起了同事们的强烈不满。

渐渐地，公司其他的员工再也不愿意和她说话了。但是，王子珊觉得自己并没有做错，谁让他们没本事呢?

没过多久，公司的部门经理辞职了，总经理决定采用民主投票的方式，让大家选择自己的领导。王子珊觉得这个部门经理的职位非她莫属，因为在全公司的同事当中，她的学历最高，能力最强，甚至起着顶梁柱的作用。

但是，最后的投票却让王子珊大失所望，除了自己给自己投的一票外，其余的同事没有一个给她投票的。

紧接着，新任的部门经理把王子珊肩上的"重任"给完全地卸了下来，总是让她去做一些鸡毛蒜皮的小事。

从那以后，王子珊总算明白了过来，一个人能力再强，如果不会处理人际关系，终究会自绝后路。

其实，为人处事，我们可以不过于精明，保持应有的智慧就足够。在生活中，许多人并非真的糊里糊涂过日子，而是不想为过于精明所累。聪明的人心胸是豁达的，他不会患得患失，也不会自做聪明，更不会斤斤计较。

聪明过度的人有很多，王熙凤却是一个精明过头的女人，精明到处处好强、事事争胜，哪儿都落不下她，因而得罪了大太太，得罪了众人，加之贾母撒手人寰，她的靠山没了，终于落到“叫天天不应，叫地地不灵”的地步，最后惨淡收场。聪明反被聪明误，不正是说的她吗？她的下场也正向大家展示了精明过度的危害。

精明过度的人，会让人从心理上有一种戒备之心，在社交中并不是特别受人欢迎，所以大家一定要把握好处事的分寸，适当地装糊涂也是很有必要的：

1.为人低调不张扬

低调做人，高调做事，是一代富商李嘉诚的为人处世态度，他为那些雄心勃勃的人树立了一个榜样：即使学富五车、才高八斗、富可敌国也要低调做人。飞扬跋扈，不可一世不仅不是成功者的品质，而且是职场大忌。大家一定要谨记这一点，不断培养良好的品质。

2.把握好精明与吃亏的尺度

精明就是一种锱铢必较，就是精于计算，对于大家来说不能缺乏精明，但也不能太过精明。缺乏精明会处处吃亏，太过精明则让人感觉难以合作。尤其对客户来说，他们更倾向于和那些老实的人打交道，因为在与老实的人合作的时候，客户感到踏实、靠谱。

3.做一个宽容有修养的人

宽容是一种素养，一个人的性情、品格、教育和阅历会影响到宽容的程度和好坏。因此可以说，宽容是成熟、隐忍的体现，它是人的一种良好的品德。

办事不必太精明，生活中处处精明就会很累，把自己看得笨拙些，做一些“很难得”的傻事，生动地展示了糊涂做人、豁达办事的实用方法，一定会在竞争日益激烈的现代社会中助你一臂之力。

表面糊涂心里明白，彰显高境界

周定王二年（公元前605年），楚庄王经过艰苦作战，平定了令尹斗越椒发动的叛乱之后，大摆酒宴，招待群臣，欢庆胜利，名曰“太平宴”。

酒宴开始，庄王兴致很高，说：“我已六年没有击鼓欢乐了，今日平定奸臣作乱，破例大家欢乐一天，朝中文武官员，均来就宴共同畅饮。”于是，满朝文武，与庄王欢歌达旦。

夜深之后，庄王仍然兴致不减，令人点起蜡烛，继续欢乐，并要宠妾许姬前来祝酒助兴。忽然一阵大风吹过，将灯烛吹灭。这时，有一人见许姬长得美貌，加之饮酒过度，难于自控，便乘黑灯瞎火之际，仗着酒意暗中拉住了许姬的衣袖，大概想一亲芳泽吧。

许姬大惊，左手奋力挣脱后，右手顺势扯下了那人帽子上的系缨。许姬取缨在手，连忙告诉庄王说，刚才敬酒时，有人乘烛灭欲有不轨，现在我把他帽子的系缨抓了下来，大王快命人点蜡烛，看看是哪个胆大包天的家伙干的。

谁知庄王听后，却对许姬说：“赏赐大家喝酒，让他们喝酒而失礼，这是我的过错，怎么能为要显示女人的贞节而辱没人呢？”不但不追究，反而命令左右正准备掌灯的人说：“切莫点烛，寡人今日要与众卿尽情欢乐，开怀畅饮。如果不扯断系缨，说明他没有尽兴，那我就要处罚他！”

众人一听，齐声称好，等一百多人全都扯掉了系缨之后，庄王才命令点燃蜡烛，不声不响地把那个胆大妄为的人隐瞒了过去。

散席之后，许姬仍然愤愤不平地问庄王为何替那无礼之徒遮掩罪行，庄王笑着说，这你妇道人家就不懂了。你想想看，今天是我请百官来饮酒，大家从白天喝到晚上，大多带有几分醉意。酒醉出现狂态，不足为怪。我如果按照你说的把那个人查出来，一会损害你的名节，二会破坏酒宴欢乐气氛，三也会损我一员大将。现在我对他宽大为怀，他必知恩图报，于国于家于我于他都是有利的事情啊。许姬听了庄王的一番话，十分佩服。从此，后人就把这个宴会叫作“绝缨会”。

七年之后，周定王十年（公元前597年），楚庄王兴兵伐郑，前部主帅襄老的副将唐狡，自告奋勇带百余名士卒做开路先锋。唐狡与众士卒奋力作战，以死相拼，终于杀出一条血路，使后续部队兵不血刃杀到郑都，这使得庄王非常高兴，称赞说：“老将军老当益壮，进军如此迅猛，真是大长我军威风，为楚国立下大功啊！”

襄老答道：“这哪里是老臣的功劳？都是老臣副将唐狡的战功啊。”

于是，庄王下令召来唐狡，准备给他重赏，谁知唐狡却答道：“为臣受大王恩赏已很多，战死亦不足回报，哪里还敢受赏呢？”

庄王很奇怪，以前并没赏赐你，何以如此说呢？唐狡接着说道：“我就是‘绝缨会’上扯了许姬袖子的人，大王不处置小臣，小臣不敢不以死相报。”楚庄王感叹地说：如果当初明烛治他的罪，怎么会有今天效力杀敌的猛士啊！

常言道：“大聪明的人，小事必朦胧；大懵懂的人，小事必伺察。”意思是，真正有大智慧的人，对于芝麻大的小事都是糊糊涂涂的，而不明所以的人，他们对小事情却观察入微，事事爱计较。世界有两面性，其实错就是对，对就是错，只要心中明净，表面糊涂又何妨呢！如果对那些小事小非过于明白，那么终究会落下个因小失大的下场。

郑板桥一句“难得糊涂”道出了世间最珍贵的处世规则，它一直被人们推崇为最精明的处世之道。只要你不是真糊涂，又懂得装糊涂，那就是真正懂得人生、大智若愚的智者。那么，在装糊涂这件事上，我们可以掌握哪些技巧呢？

1.要把握好“糊涂”的界限

“糊涂”不是傻，也不是一种消极避世的心理，而是一种处世智慧，做到“装糊涂”必须首先要把握好“糊涂”的界限。做人不能不糊涂，也不能一直糊涂，该糊涂就糊涂，不该糊涂就不糊涂，糊涂中有清醒，清醒中有糊涂。但在糊涂与精明之中，也要有一条明确的界限，不能盲目的超越界限。

2.善于学习，做最好的自己

人生就是这样：和阳光的人在一起，心里就不会晦暗；和进取的人在一起，行动就不会落后；和大方的人在一起，处世就不小气；和睿智的人在一起，遇事就不迷茫；和聪明的人在一起，做事就变得机敏。借人之智，完善自己。学最好的别人，做最好的自己。

可惜的是，社会上还有许多不知道“装糊涂”的人。他们或者想表现自己的聪明，结果证明了自己的愚蠢；或者骄傲自大，目中无人，结果成事不足，败事有余；或者忍受不了羞辱，反唇相讥，弄得对方下不了台，怀恨在心，伺机报复。“难得糊涂”，一个有着“糊涂”心理的人更容易活得洒脱而又成就。

第 14 章 灵活变通，懂心理让你左右逢源

获取好人缘，你需要做事圆通一点

有家酒店曾经遇到过这样一件事：有一次，一位客人在离开酒店之前把一件浴袍放在了自己的手拉箱里试图带走。不料，这一现象被酒店服务生发现了，于是，服务生就把这件事如实反映给了大堂经理。

根据酒店的规定，一条浴巾需要向客人索赔一百元。大堂经理想：如何才能既不得罪客人，又维护酒店利益呢？于是大堂经理在收银处找到准备结账的客人，礼貌地请他到一个没人的地方说："先生，您好，打扰一下，您现在还不能离开，因为我们酒店服务生在查点房间的时候发现您房间缺失一件浴袍。"其实，那位客人和经理心理都明白，浴袍就在手拉箱里，可是，这件事败露是很丢面子的，客人只能否认。紧接着，经理就说："请您回忆一下，有没有您的亲朋好友来过，会不会是他们顺便带走了？"大堂经理的言外之意是，如果客人不好意思当众把浴巾拿出来，不妨找个借口说别人拿走了，在付款时将浴巾买下来。可是，那位客人却说一直以来都是自己一个人住这里，谁也没有来过。由此看来，这位客人并不愿意用钱来打发这件事。于是大堂经理接着又说："要不这样吧，您先上去再找找看看是不是不小心丢在什么地方了，之前也发生过这样的情况，都是无意间丢在了一些不注意的地方被遮住了。"这次，这位客人没有回绝经理。于是他拉着自己的手提箱返回房间了。

没一会功夫，他就回到了大厅里，看到服务生，他装作生气样子，然后回头对经理说：“真不明白，这么大的酒店，培训的服务生办事能力太差了，找个浴袍都找不到，明明在沙发后面嘛！”就这样，事情圆满解决了，既没有让客人感到难堪，又维护了酒店的利益。

办事圆通一点，那矛盾就会少一点，如果你总是横冲直撞，那么，你将会遇到很多不必要的麻烦。如果大堂经理直截了当地指出客人拿走了浴巾，并且要求赔偿，尽管也没有错，但会让客人很丢面子，甚至死不认账，那么事情就会很难解决。

生活中，有部分人已然“圆通”过了头，其实已不能用“圆通”来称呼，更恰当地说是“圆滑”。但是很多人总觉得这两者是一样的，其实不然，两者是有本质区别的。圆通就是通常人们所说的持经达权。它意味着一个人有一定的社会经验，对社会有一定的适应能力，能处理得好人与人之间的关系，对复杂的局面能控制得住。圆通是面对现实、负起责任，外加不伤害面子，而圆滑是逃避问题、不想付出，外加损人利己。圆通不是圆滑，我们一定要区分开来。一般，人们都不太喜欢圆滑的人。

做人要圆通，遇事能灵活变通，拿捏有度，积极寻求解决之道。但可悲的是，现代人圆滑者居多。圆滑是一种世故，滑头滑脑，四处讨好。过于圆滑者，很难在社会上长久立足。做人理应有自己不变的原则，把“方”和“圆”结合起来，才能左右逢源，无往不利。那么，大家如何才能把握好做人的本性，成为一个圆通而不圆滑的人呢？

1.做人做事，灵活应变

圆融的人，通常擅长灵活应变，遇到任何事情都能从善如流，能够虚心听取他人的建议，并结合自身的特点和当下的情况，扬长避短，取其益而舍其害，所以他们常常是足智多谋并能出奇制胜的。

2.把握好与人相处的底线

很多人觉得发怒像是有一条底线，一旦触动，就再也按捺不住脾气。显然，这底线有高有低，太高的底线人人都会碰到，被触动的人就容易天天发脾气，形成暴躁的性格。而底线低一点的人，性格温和，不容易生气，大家都愿意和他相处，他自己也觉得日子很舒坦。

3.圆通的人，内心大度

人与人之间没有解不开的疙瘩，要用一颗宽容大度的心来对待自己的朋友。平心静气地去处理与他人之间的关系。有些事可以大事化小，小事化了，在与人相处的问题上要学会控制自己的脾气。只有内心大度的人才不会变得奸诈，才不会圆滑世故，才不会让人厌恶。

圆通，是一种做人哲学，需要阅历与智慧。要想圆通做人，需要有高素质、高悟性和高技巧，这是做人的一种境界。只有学会圆通，才能在人际交往中游刃有余。圆通做人，而不是圆滑世故，在为人处世的过程中，不露声色地把问题处理好，让人不会觉得你虚伪狡诈，这样的人才会融于天下。

知进退是一种灵活的应变智慧

一个人的成功在于他做人做事的方式。谁都想事业发达、家庭美满，谁都想受人尊重、办事顺利，但是只有那些既会做人又善于做事的人才能实现自己的愿望。而他们的共同经验就是懂得并且善于利用进退规则。生活中无论做人还是做事，我们都要懂得进退之道，懂得灵活变通之术，遇强则迂，遇弱则攻。要懂得识别当时自己的境况，不要太计较一时荣辱，处弱势时先退几步，欲擒先纵，清除忧患，能屈能伸才能游刃有余。

春秋时期，吴越争雄，范蠡在越王勾践身为人奴之时，鼎力效忠。在忍耐了漫长的屈辱之后，越王勾践终于得以东山再起，一举灭掉了吴国，重建越国。而立下赫赫功劳的范蠡在庆功宴上，却悄悄带着西施，乘一叶扁舟消失了。临走前，他曾托人送过一封信给他的好友文种，信上说：狡兔死，走狗烹；敌国灭，谋臣亡。越王这人能容忍敌人的欺负，可不能容忍有功的大臣。

我们只能够同他共患难，却不能同他共安乐。你现在不走，恐怕将来想走也走不了。

可惜，文种没有听其劝告，最后被勾践逼死，临死对天长叹，痛悔自己没有听范蠡的话，而落得“狗烹”的结局。

与文种相反，范蠡带着西施和一些财宝珠玉，改名换姓，弃官经商，成为百万富翁，后人称其为“商圣”陶朱公。

范蠡和文种的一退一进，正好说明了“退”的含义。范蠡的“退”，为自己创造了更好的机会，而文种的“进”，其结果却是死路一条。

进退之间，彰显出处世哲学。正如做人，怎样进，怎样退，这是一种手段；什么时候该进，什么时候该退，这是一种分寸。进退是一种做人做事的艺术，无论是在官场上、职场上、商场上、情场上等，我们都需要明白进退之道。

1.知进退，就是懂得审时度势

要明白事物的客观形势和发展趋向。英雄的产生并不是偶然的，必须要有适当的“时”和“势”。但只有这些还不够，处于这种情况下的人会有很多，但是为什么只有极少数人成功了。关键就在于他们总是能够明白何时进、何时退，进退之间就为自己开创了一片天地。

2.知进退，就要懂得自我保护

人们常说“留得青山在，不怕没柴烧”，这其实就是一种凡事先求自保的做法。遇到突发状况，能够遵循明哲保身，当进则进，当退则退。形势不利时，就要及早抽身，不必逞匹夫之勇，这不是怕死、虚伪、消极，而是一种守身的策略。

3.知进退，就要懂得灵活变通

社会上没有绝对的公平，过于追求某些东西的人不会有好结果，反而会讨人嫌。因而，遇到不公平的事情，要找一个变通和所有人都能够接受的工作方法，有的放矢地处理和控制。圆融的人，能够用更聪明的方法达成自己的目的，所以做起事情来也更加得心应手。

4.知进退，就要懂得舍弃

有舍，才有得。先舍，后得。不能没有主见，不能人云我云，不能短视，不能只顾眼前利益而缺乏长远打算。在人生的许多特定或关键的时刻，只有下定决心，果断选择，善于舍弃，你才能把握住长远利益的机会。

5.知进退，就要懂得大气做人

在通往成功的路上，总会遇到许多不尽如人意的事，或受他人的挤轧，或遭受他人的暗算，这时就要根据自己的实力，明智地选择是进还是退，不能为了一时之气，而与之斤斤计较，针锋相对，最后两败俱伤。

进退之间，彰显人生智慧。做人有分寸，知进退，才能让自己在人生中有所成就。

懂得随机应变的人处事更顺畅

有句话说得好："树挪死，人挪活"。意思是说，树的种子放进土里长成树苗后就最好不要移动了，一移动树苗就活不成了。而人就不同了，人有脑子，遇到了问题可以灵活地处理，这个办法不成就应当灵活变通换另一种办法。这个道理，也就是人们说所的社交方面的为人处世。交际场合中，谁也不想说错话、办错事，但人们又总是不可避免地有犯错的时候，"人非圣贤，孰能无过？"这时，该怎么办呢？其实，只要换个思路，学会变通，一切就会豁然开朗。

张若凝是一个服装设计师，工作快四年了一直没能升职，跟她一同进入公司的凯琪却早已成了高级设计师。从设计创意、客户反响来看，张若凝和凯琪算得上旗鼓相当。为何两个人的现状有着如此大的差距呢？原来，公司的设计总监王刚比较重视学历，对于那些名校毕业的员工都另眼相看。所以说，师出名门的凯琪当然是大受欢迎了。相比之下，虽有些天赋但不是专门从事设计这一行的张若凝就大大吃亏了。张若凝对这样的不公平待遇很是气愤，虽然王刚对她比较欣赏，经常把一些重要案子交给她做，但升职之事却与她无缘。

终于，半个月之前，张若凝决定离开她的势利眼上司王刚，去找寻新的出路。即便是再次从头开始，她也不想在这里吃这个哑巴亏，闷头死干了。她觉得，只要肯努力，就一定能在新工作中升职。同新公司谈妥之后，张若凝连夜赶出了辞职信，只等一到公司就拿给王刚。可是王刚却接连两天没有出现，助理阿雨也不知道他去了哪里。中午的时候，张若凝吃完饭去洗手间洗手，此时的她感觉很迷茫也很疲惫，于是她就在洗手间坐了一会，思考怎样处理辞职的事情。这时候，她的同事小李走了进来，对她说："若凝，你怎么在这里呢？公司出大事了，知道吗？王总监离职了！那会阿雨给我发消息说王总监打算自己单干了，这下好了，副总监要升职了，对了，你们关系不是很好嘛？他要是升职，你就不会被限制了，你的高级设计师绝对有戏了。" "世事变化那么大，这些都是些以后的事，谁也不知道到底会怎样，希望如此吧。"张若凝急着消化这个重要信息：总监走了副总监要升职，自己出头的日子快要到了，如果在这个重要时刻辞了职，一切还得从头再来，说不定再遇到一个学历至上的上司，自己就更得不偿失了。十分钟后，张若凝走进办公室，悄悄拿出辞职信，塞进了碎纸机。

在社交场合中，我们总是会碰到一些意想不到的事情，或是自己失言失态；或是对方反应不如预料的好；或是周围环境出现了没有考虑到的因素等。这些猝不及防的情况，往往会令人啼笑皆非，狼狈不堪。身处窘境，如何解脱？那就需要随机应变的处事智慧。宋人罗大经《鹤林玉露·临事之智》中云："大凡临事无大小，皆贵乎智。智者何？随机应变，足以弭患济事者是也。"从一定意义上说，智者就在于随机应变，借以弭患济事。然而。智者不是天生的。因而学习应变之术，掌握应变之道，就显得尤为重要。

1.注意观察周围的形势

说话要看周边的情况，说话要能够恰当地和当时的情景融合到一起，避免说出不合时宜的话来。另外，说话一定要看对象，要根据说话对象的不同来确定自己说话的方向。对豪爽的人，说话就应该豪爽一点；对内秀的人，说话就应该文明一点，这样人家才会喜欢你。

2.做一个会圆场的人

做一个会圆场的人，不仅能够给自己提供方便，也能给别人提供方便，在关键的时候还能够处理突发事件，主持大局。在圆场的同时，可以展现自己的机智、幽默或其他个人魅力，让别人心里舒坦，或感激，或高兴，或欣赏我们。

3.巧妙运用转移等应急措施

在社交中，有时会遇到自己不想公开或不能公开而别人又偏偏要打听的事；或是自己偶然触及对方的伤痛、忌讳及隐私，出现了尴尬的局面。这时，以场景为媒介，迅速转移话题便是一种普遍有效的应急措施。

调整思路、换个角度、另辟蹊径，不但可以替自己打圆场，还能使别人高兴。如果要达到这一目标，就要靠你的应变能力了。因此，要学会多角度分析问题，举一反三、旁征博引；能恰当地证明自己的观点，自圆其说。那时，错的就会变成对的。

有爱的谎言，你需要说出口

小时候，我们都学过《狼来了》，这篇文章就是教育我们做人要诚实，不撒谎，否则就会像放羊的小男孩一样被狼吃掉。诚然，诚实是做人的根本，但在现实生活中，在很多情况下，我们也要学会撒谎，因为有时候，善意的谎言能带给别人希望和幸福，甚至很多时候，谎言有神奇的力量，能够起到起死回生、力挽狂澜的作用。在人与人的交往中，适当地用一些善意的“谎言”，可以使人际关系更融洽、更亲近一些。不过，如果不分场合、不分条件，一味地讲谎话，那样就会受到众人的谴责。记住，只有“善意的谎言”才能达到一个好的效果，因为它的出发点是好的。

有这样一个经典故事：

两个盲人靠说书弹三弦糊口，老者是师父，70岁；幼者是徒弟，20岁不到。师父已经弹断了999根弦了，离1000根弦只差一根了。师父的师父临死的时候对师父说："我这里有一张复明的药方，我将它封进你的琴槽中，当你弹断第1000根弦的时候，你才可以取出药方。记住，你弹断每一根弦时都必须是尽心尽力的。否则，再灵的药方也会失去效用。"

那时，师父还是20岁的小青年，可如今他已皓发银须。50年来，他一直奔着那复明的梦想。他知道，那是一张祖传的秘方。

一声脆响，师父终于弹断了最后一根琴弦，他直向城中的药铺赶去，当他充满虔诚、满怀期待地取草药时，掌柜的告诉他："那是一张白纸。"他的头嗡地响了一下，平静下来以后，他明白了一切：原来师父欺骗他说弹断1000根琴弦，就能得到那复明的药方，只是真诚、善意的谎言，自己就是靠着这善意的谎言才有了生存的勇气。

回家后，他郑重地对小徒弟说："我这里有一个复明的药方，我将它封入你的琴槽，当你弹断第1200根琴弦的时候，你才能去打开它。记住，必须用心去弹，我的师父将这个数错记为1000根了……"

小徒弟虔诚地允诺着，他也跟他的师父一样，活在这个善意的谎言里。这个谎言给了他希望的动力，引发他去追求生命中最美丽的时刻。如果师父不说这个谎，他的徒弟能愉快地面对自己的将来吗？

善意的谎言是生活的希望，是沙漠中的绿洲，它有时真的改变了我们生命的轨道。其实谎言在善意的指导下，就是你想要实现的梦想，会鼓舞你一次次地做着进步的努力，为了心中的梦想绝不轻言放弃。因为未来的道路完全被欢乐的心情照亮，生活因此变得更加美好。

朋友们，我们可以在适当的时候，说一些善意的谎言，这样即对朋友有益，还可以增进朋友之间的友谊。那么怎样让谎言看起来是发自内心，能够被他人接受呢？

1.谎言要建立在真实的基础上

当然，我们所说的善意的谎言并不是“说好话”，更不是随意拍别人马屁；而是在真实的基础上激励别人，让他们能够有决心面对未知的困难，让他们能够坚持不懈地奋斗下去。

2.谎言的内容要合情合理

谎言不只是一句话那么简单，要动动脑筋，让这句话看起来合情合理，不会引人怀疑。尽量结合对方的性格、实际情况编一句谎言，让它看上去能说服大多数人，还要记住要和其他当事人保持一致，不要出现你刚说了一句安慰话，就有人把真相说出来这种情况。

3.谎言的本意一定要善良

善良的谎言，其用心当然也是善良的。即使此人以后明白了真相，也只会感激，不会埋怨。即使当时半信半疑，甚至明知是谎话，通情达理者仍会感到温暖、宽慰。明知会加重对方的精神痛苦，但仍要实言相告，如不算坏话，也该算是蠢话。

在现代生活中，不是面对每一个人、每一件事我们都必须要诚实以对，有时候一个善意的谎言能起到巨大的积极作用。每个人都具有各种各样的弱点，有着喜怒哀乐的情感，在人与人的交往中，适当地用一些小小的“谎言”，有时会带给我们生活的希望。

方圆配合，你的人生就会左右逢源

方圆得当，外圆内方，是人生的最高境界。方是为人准则，有方在手，就会心有底气，不乱方寸；圆是成事技巧，胸中有圆，做事自然八面玲珑，世事人情万事皆通。所以，我们一定要记住古人的教诲：方圆处事，做人要方，做事要圆，方圆得当，才能成就人生大智慧。

唐朝名臣狄仁杰，被酷吏来俊臣诬以谋反罪秘密逮捕。为罗织罪名，来俊臣建议武则天降旨诱供——只要狄仁杰承认谋反就可免死。武则天同意了。审讯时，来俊臣宣读武则天的诏书。狄仁杰马上跪在地上，口称“死罪”，承认自己确实想谋反。来俊臣感到意外，但根据圣旨，只好免他死罪，听候发落。

这时，堂上的判官悄悄劝狄仁杰诬告几个官员以减轻自己的罪过。狄仁杰说：“皇天在上，我没有干这样的事，更与别人无关，怎么能害人？”说完，一头向大堂的柱子撞去，顿时鲜血迸流。判官等人忙把他送到厢房休息。狄仁杰趁无人之际，蘸着身上的血，将冤屈写在手绢上，然后撕开棉衣里子，将手绢藏进去，托人将棉衣带给自己家人洗洗再送来。家人拆开棉衣，看见血书，忙拿去向武则天申诉。武则天将狄仁杰叫去问：“你既然有冤，为什么承认谋反？”狄仁杰说：“我要是不承认，只怕早就死在严刑之下了！”武则天知道狄仁杰说的是真的，狄仁杰在死亡威胁面前，能及时低头，体现了他的明智。但他却能坚持做人原则，决不为了拯救自己而冤枉好人，体现了一种了不起的正直风范。

古语云：“取相于钱，外圆内方。”古时大多钱币的形状为圆形方孔。为人处世，其实也应像钱币一样，“边缘”要圆滑，要能随机而变，但“内心”要守得住，有自己的原则。

在人际关系中。我们要学会方圆处事，任何事情都要留有余地，不要把事情做得过于决断，这样会带来许多你所意想不到的后果。在做事情时，必须沉着冷静，以谦让为上策，这样，事情可能会取得比较理想的效果。

要想在这个社会上完美地做人，不仅要“方”，还要懂得“圆”；除了做人要有原则之外，还要掌握一些做人的方法，从而玩转社交，赢得好人缘。方圆做人，是做人的最高境界，能够帮助我们获得更大的成就。

1.做事懂得“求同存异”

要想达到在交际场合外圆内方的境界，成就大事，就必须坚持“求同存异”的原则。每个人都有自己的生活经历、习惯、性格特征等，在交往中难免会有些摩擦，这就要求我们应该尽量寻找共同话题。但与人相处时也要坚持自己的原则，不要失去自我。

2.不同的人，不同的交往方式

有的人性格急躁，那么在与他们相处时就要学会干净利落；有的人做事总是慢半拍，那么你应该也让自己慢慢适应他的节奏；有的人性格耿直，你也可以快言快语；有的人比较敏感，那么无论说话做事你都要小心，以免伤到他的自尊心。面对不同的人，我们要采取不同的交际方法，这样才能相处得更为和谐。

3.“方”与“圆”都不可太过

当然，凡事都得有个度，无论是“内方”还是“外圆”，都要把握好尺度，要懂得，凡事物极必反。“内方”太过，会显得刻板、迂腐，会伤害到自己及他人；“外圆”太过，会显得圆滑、世故，必使他人心存疑惑，处处提防。由此，懂得把握分寸就尤为重要了。

4.要有自己的想法

在这个不断变化的社会当中，我们需要“和而不同”，更需要做到“和而不同”。这就要求我们要有自己的主见，在遇到一些事情时，应该积极而认真地去思考、去分析。在最关键的时候，一定要按照自己的想法去走自己的路，做好自己应该做的。

一个人如果过分方方正正、有棱有角，必将碰得头破血流；但是一个人如果八面玲珑、圆滑透顶，总是想让别人吃亏、自己占便宜，也必将众叛亲离。因此，做人必须方外有圆，圆中有方，外圆内方，以圆的方式表达方的内容，这就是智圆行方。

第 15 章　对症下药，求人办事先从对方心理入手

巧妙磨人，让他乐意帮助你

王丽丽是某家公司的一名普通职员，别看她职位不高，但却是个软磨硬泡的高手。王丽丽人长得漂亮，说话细声细气。每当在工作中遇到什么困难，王丽丽总是要请求公司各部门的同事们帮助，有时候同事没什么事也就答应了，有时候同事不愿意帮忙，但王丽丽总是有办法说服那些不愿意帮忙的同事们。虽然对方会摆脸色，但王丽丽仍旧细声细气地央求他们，软磨硬泡，满脸笑容，同事们拿她没有办法，最后往往都会伸出援手。

“软磨硬泡”是一种特殊的求人术。它能以消极的形式争取积极的效果，可以表现自己不达目的不罢休的决心和毅力。给对方施加压力，也可以增加接触机会，充分地表明自己的态度、思想和感情，以影响对方的态度，达到最终目的。在生活中，如果你想求人办事，但是对方并不乐意帮你，这时候你不妨学会变通，试试“软磨硬泡”的求人术。

韩梅在南方的一家公司上班，她是单位有名的硬茬、牛人。谭小月的案子有问题，需要韩梅帮忙，怎么开口呢？谭小月想来想去，演出了下面的一幕：

谭小月装作无意地在韩梅身边抱怨：“天啊，这不是折磨我嘛，真是糟心啊，我很是没用，这样的工作简直就是要我命啊。”韩梅抬头看了看谭小月，谭小月继续，“韩姐啊，有时候我就想啊，同样的工作，对你来说，简直不算

什么，不值一提，怎么对我就这么艰难啊，难道我真的是太笨了吗？一遇到这样的问题我就只能仰天长叹啊，您能不能收下我这个笨徒弟，教我几招啊。”韩梅听到这里，似笑非笑地一把抢过谭小月手里的文件夹，有点嗔怪地说：“我是不是前世欠你的啊，贝贝！”

常言道：“人心都是肉长的。”无论你与对方之间的距离有多大，只要你善于用自己的行动证明自己的诚意，这样，就会促使对方去思索你所提出的请求，进而理解你的苦衷，那时，你将会“泡”到成功的希望。

1.保证充足的耐心

很多事情，不是一时半会儿就可以解决的，你要找出问题的症结，了解对方冒险的程度、考验对方的实力、找出对方的弱点、知道对方的要求，或者要改变对方的期望程度等，都需要时间来完成，甚至应该知道对方处在压力下会做出什么选择，这一切都是需要时间的。所以说，磨人必须要有耐心。

2.待人要笑容满面

始终做到彬彬有礼，摆事实讲道理也要笑容满面，并要经常出现在能让对方看到的场合。例如，他的办公室、家里等，而且每次都要准时无误，让对方感到好像是在上班一样，一到点就赶来了。这样，对方在自己的视野范围内总能看到你，也就总能想到你的事情了。

3.多种说服手法相结合

如果想磨人成功，那就要综合运用笑脸面对、幽默开道、调动眼泪、苦苦哀求等说服技巧。获得对方的认可、同情甚至赞赏，才是我们所要达到的结果。

4.放下面子，不怕求人

我们求人办事不能脸皮太“薄”，如果别人说一句就打道回府，这样办事肯定办不好。生活中，很多人因为放不下面子，而不愿求人，所以常常办不了大事。会办事的人，只要能达到目的，他们能厚着脸皮跟别人磨，直到磨得他人同意为止。

“磨”不是消极地耗时间，也不是和人家要无赖，而是善于采取积极的行动影响对方、感化对方，促进事态向好的方向转化。磨功，也是一种韧劲，一种谋略。在求人办事中，谁磨的功夫高，谁就是胜者。

了解对方的喜好，看人下话碟

厨师做菜，需要根据顾客的口味来烹饪。但“众口难调”，同样一道菜，一个人喜欢吃，不代表另一个人也喜欢。说话也是一样，同样的一句话，对这个人说就能起到作用，而对另外一个人讲却丝毫没有反应，这就是我们为什么要在说话的时候注意分辨说话对象的原因。

王振兴今年23岁，刚刚毕业，毕业之后还算顺利，没经过多大折腾就来到了现在的公司上班。参加工作前，他爸爸就一直叮嘱他，在职场上要说该说的话，要做到言之有忌。王振兴把爸爸的话铭记在心，但是要怎样才能做到言之有忌呢？王振兴很迷茫，不知道该怎么办，他想：“也不能啥话都不说吧。”

一次，王振兴和一位女同事聊天，无意间说对方从外表上看，像是个刚20岁的小女孩，完全看不出快30岁的样子，那位女同事听了特别高兴，并且允诺王振兴如果有需要帮忙的地方，尽管找她。王振兴想：“可能女人都希望别人说她年轻漂亮，下次遇到女生我也可以这样夸她，就会得到对方的好感了。”

后来，公司来了一位女客户，王振兴负责接待。在闲聊的时候，王振兴夸赞对方看上去很像个小女孩，看着特别年轻。谁知道对方听到这句话的时候，脸色立刻变了，之后不论王振兴说什么，对方都冷淡地回答。

原来客户一直想成为一个女强人，但是又长了一副甜美的脸蛋。因此别人时常怀疑她的能力。这让她很气恼，所以当别人夸她像个小姑娘的时候，她觉得别人是在间接否定她的能力，当然很不开心了。最后生意也不想谈了，没等王振兴的老板出来见她，就找个了借口离开了。王振兴也因此被经理臭骂了一通，本来有望加薪，但是这下全泡汤了。

由此可见，说话的时候一定要对不同的人说不同的话，这样才能真正做到言之有忌，不会踩到别人的雷区。

看人说话，不要觉得这是对人处世圆滑的讽刺，这恰恰是一种智慧，一种处世的策略。正所谓，到什么庙里烧什么香。不同的庙里有不同的神，不同的神有不同的爱好，就像不同的人有不同的性情一样，真正懂得“敬神”的人，就会充分准备，投“神”所好，对不同的神烧不同的香，这样才能令“神”心大悦。

会说话的人懂得因人而异，遇到不一样的人说不一样的话，尽量符合对方的心理需求，从而取得对方的好感和支持。想要把话说到不同人的心里，你需要做到以下几点：

1.对对方有个初步了解

人与人之间的差异有时是惊人的。独特的个性，独特的爱好，独特的生活习惯，独特的知识结构，尤其是独特的心理态势，这些综合起来就使某个人成为独具异彩的“这一个”。所以说，想要与“这个人”打交道，你必须先对此有个了解，这样才能分清形势，巧妙对待。

2.注意对方的身份地位

无论在哪个国家、什么时代，人们的地位等级观念都是很强的。对方的身份、地位不同，你说话的语气、方式以及办事的方法也应有异。如果不明白这一点，对什么人都是一视同仁，则很可能会被对方视为无大无小，无尊无贱，尤其是那些身份地位较高的人。

3.注意年龄问题

和老年人谈话要谦虚。我们常听到长辈教育后辈时说：“我走过的桥比你走过的路还多。”这是很有道理的。老年人虽然接受的新知识比你少，可是他的经验比你丰富。因此谈话时，必须谦虚。此外，老年人也有心态年轻的，说话时请注意。

4.注意对方的表情变化

我们要时刻留意对方的面部、体态、语言表情。所谓“看人说话”，主要是“看”这三种表情。从这些表情变化中，我们便可随时猜度对方的心理态势，透视对方的心理需要，然后也就可以随时调整自己谈话的内容与方式，使之更适应对方的所思所想。

5.注意对方的兴趣爱好

人们的兴趣爱好往往关连着头脑中的兴奋点。我们如果在交谈中根据不同人的身份、地位、兴趣爱好，从不同的话题人手，常常可以比较容易地开启对方的心扉，步人对方的心灵深处，有效地激发对方情感的共鸣，顺利办成所求之事。

孙武有句名言：“知己知彼，百战不殆。”说话也是这个道理。和聪明人说话，须凭见闻广博；与见闻广博的人说话，须凭辨析能力；与有钱人说话，言辞要豪爽；与穷人说话，要动之以利……见什么人说什么话，此乃说话的至高境界。

利用同情心，求人办事好说话

在很多时候，用感情打动别人，激起别人的同情心，比一味滔滔不绝地讲大道理会更有效果。大多数人都具有同情心，即使铁石心肠的人也不例外。同情能够加强别人对你的理解，因此求人办事不妨利用一下别人的同情心。

有一天，林肯正在办公，突然传来敲门声，进而进来一位老妇人。见了林肯，老妇人两眼一热，哭了起来。林肯走上前去，安慰说：“您先别哭，有什么冤屈给我说，我帮助你。”老妇人停止了哭泣，缓缓地说：“我是一位孤寡老人，我的丈夫在独立战争中为国捐躯了，现在我主要靠抚恤金维持生活。可是前不久，抚恤金出纳员私底下勒索我，要我交手续费，这笔手续费非常昂贵，是抚恤金的一半。”说着，老妇人又哭了起来。林肯听后十分气愤，他说：“放心吧，我替你打官司，一定要将那个可恶的出纳员绳之以法。”老妇人忐忑不安地问：“我没有钱出律师费。”林肯说：“我不收你的律师费，免费为你打这场官司。”

由于出纳员是口头勒索，没有留下任何凭据，因而指责原告无中生有，形势对林肯极为不利。这时候，林肯两眼饱含泪水，回顾了英国殖民者对当地民众的压迫，爱国人士如何抛头颅洒热血，如何忍饥挨饿地在冰雪中战斗，为了美国的独立血染疆场。

最后他说：“现如今，一切都成为了历史，英雄早已长眠地下，可是他们衰老而又可怜的夫人在这里要求申诉，她之前也是一位美丽的少女，也曾经与丈夫有过幸福的生活。可是现在她已经一无所有了，变得贫穷无靠。然而，即使如此，白白享受着幸福的某些人还要勒索她那一点微不足道的抚恤金，我们能熟视无睹吗？”

法庭里充满哭泣声，法官的眼圈也在发红，被告的良心也被唤醒，承认自己曾经勒索的事实。最后，法庭通过了保护烈士遗孀不受勒索的判决。

故事中的林肯，就是利用老妇人的悲惨，博得了法官的同情，从而通过了保护烈士遗孀不受勒索的判决。

以情动人，凡事皆可办成，面对求情者的眼泪和哭诉，听者即使是铁石心肠，也免不了会动心。并不是说，凡求人办事都要摆出一副可怜兮兮的样子，而是当我们在求人解决问题时，应该调动听者的同情心，使他从感情上与你产生共鸣。这就为你解决问题打下了基础。

那么，我们该如何巧妙利用对方恻隐心理，成功激发对方的同情心呢？

1.次数不能太频繁

适当地向别人诉说一下自己的不幸，比较容易得到对方的同情。但如果次数太多，就容易造成对方心理上的麻木与意识上的厌倦。无论你遭遇了多么悲惨的遭遇，对方在听多了之后也就不会有任何感觉了。他们非但不会产生怜悯之心，还会尽情地嘲笑你、捉弄你。

2.用情义和热忱“缠”住对方

当一个人被别人一再请求时，往往会形成一种心理压力，这种压力会促使他的态度软化。不过，也要注意时间、场合和对方性格等客观因素，因为这种多次纠缠如果使用不恰当的话会产生副作用。

3.了解倾诉对象的情感倾向

要引起对方的同情，必须先了解对方平时爱好什么，赞扬什么，又愤慨什么，了解他的情感倾向和对事物善恶清浊的评判标准。要引起对方的同情，还必须在人之常情上下功夫，必须把自己所面临的困难说得在情在理，令人痛惜惋惜。

4.硬话软说，巧妙示弱

我们所说的示弱并不是真的在示弱，也并不是非得以眼泪才能博得对方的同情，只不过是一种说话的技巧，以达到你的谈判目的。在生活中，我们常常会听老人们这样说："软刀子更扎人！"也就是说，我们在谈判过程中，要硬话软说，同时，我们的态度要不卑不亢。

求人办事时，要想把事情顺利办好，就必须在人之常情上下功夫，必须将自己所面临的困难说得合情合理，令人痛惜和惋惜，让对方的感情之水随着你的感情一起荡漾，促使对方伸出热情之手，帮助你把事情办成。

打开突破口，求人前先满足其需求

美国心理学家弗里德曼曾经说过："当一个人的需要可以满足另一个人的需要时，两人就趋于互相喜欢。有利益与利益的相互补充，才会有需要与需要的相互满足。"对他人的需求，我们要有清醒的认识，要予以重视，因为，这有可能就关系到自己的切身利益，有可能关系到自己的未来。想长远而持久地成功，就必须把焦点放在人际关系上，人际关系是第一生产力。

公元前659年夏天，晋国兴兵攻伐虢国。去伐虢就必须经过虞国，但是如果虞国不借道给晋国，晋国就束手无策。大臣荀息建议晋献公把自己国家的两件国宝——千里马和玉璧送给虞国国君虞公，晋献公接受了荀息的建议。于是，晋献公向虞国国君传递出这样的信息："只要你借道于我，我就把两件国宝送给你。"同时，派人把千里马和玉璧送给虞公，虞公不听谋臣宫之奇的劝告，借路给晋国。晋军经虞国到达虢国，攻占了虢国的都城，迫使虢国迁都到上阳。

公元前655年，晋国聚集精兵良将，再次向虞国借路攻伐已迁都上阳的虢国。虽然，宫之奇劝说虞公道："虢虞两国相互依存，虢国灭亡了，虞国也就日薄西山了。所谓'辅车相依，唇亡齿寒'，说的正是虢虞两国今天的形势。还请大王三思而行。"可是虞公再次拒绝了宫之奇的劝告，借路给了晋国。

晋献公的"利诱"之计正好击中了虞国国君爱财的特点，如此一来，他自然同意了晋国"借道"的请求。而且，不管身边大臣如何规劝，虞国国君居然答应对方再次"借道"的请求，以至于最后葬送了自己的国家。由此可见，利益的诱惑性之大。

没有晋献公的利益给予，晋国就没有后来的成功，做人做事，我们都应懂得这个道理。现代社会的每一个正常的人都希望自己能够建立一个良好、广阔的人际关系。而要拥有良好和广阔的人际关系，就要遵循"欲先取之，必先与之"的原则。处理人际关系的真谛就在于：己所不欲，勿施于人；己之所欲，先施于人。

那么在社交中，我们该如何获取他人需求，满足对方心理，成功办成自己的事呢？

1.给对方充分的尊重

在人与人的交往中，学会站在对方的立场，替对方着想，给对方表现的机会，能够使对方产生被尊重、被重视的感觉。这种感觉往往会让人感到很开心，不仅为谈话赢得了良好的氛围，而且还会使对方回馈给你一种尊重和认可。因此，要得到别人的尊重就要先尊重别人。

2.谈话中听出对方的需求

很多时候，说话的意图不是直接表达出来，而是隐含在话语里的。说话的人可能一语双关，可能含沙射影，可能旁敲侧击。而不论说话的人如何隐晦，听话的人都必须得听出他的言外之意，只有这样，才能够了解对方真正的意图，想方设法满足他以求达到自己的目的。

3.立足对方立场来考虑问题

从自己的角度出发，比较难以换位思考去想别人怎么想，如果你还改不了这个习惯，那你就很难从心理上获取对方的认可。所以说大家想要在社会交往中顺利得到对方的帮助，你就要懂得换位思考，多为他人考虑，这样才能征服对方的内心，明白他的所需。

4.为对方拿出点利益来

有时候，不妨可以给对方一点好处，这样对方也会从中获得一些恩惠。比如："你过来我包你车费，还请你到处转转，咋样""只要你给我把这件事办好了，我就送你一个爱马仕包包。""我前天在上海给你捎带了一条裙子，你看什么时候过来拿去吧！"

从一定意义上说，人际网就是人与人之间相互联系形成的，所以，我们要想编织更大、更坚固的人际网，首先就要在一定程度上满足对方的需求。归根结底一句话，读心术决定人际关系，掌握了读心术，才能在人际交往中游刃有余。

脑袋灵活一点，问题才会更简单

明智的人使自己适应世界，而不明智的人只会坚持要世界适应自己。也就是说，变通是天地间最大的智慧，是才能中的才能，智慧中的智慧。我们每天都会面对各种层出不穷的人际矛盾与环境变化，你是要以刻舟求剑来以不变应万变，还是要选择灵活机动的变通方式来应对万变的世界，这是个人需要明确确立的一种做人、做事心态。

童勇是个秉公办事的小伙子。在单位负责人员考勤，恪守公司的各项规章制度。每次有人迟到早退，无论是什么原因，到童勇这里都没有通融的余地。有时候，有人只是迟到了一分钟，童勇也会记录下来；有时候有人病得厉害，不得不早点下班上医院，童勇也不会轻易放过对方。在月底考勤的时候，按规章办事，该罚多少，就罚多少。因此，童勇和同事们的关系都不好。

这并不是童勇有意想为难同事们，而是他不太懂得变通，太遵循制度。有一次童勇参加一个培训班，忘了带进门卡。门卫说不能进，让他在门外等着，或是回去取卡。他就在门外等着，一直等遇到熟人才把他带进去，等他进去的时候，培训演讲都接近尾声了。而那些跟童勇一样忘了带卡的人，找了各种理由或套近乎就进去了。

变色龙，改变自己的体色，才避免了敌人的捉捕；蛹，蜕掉自己的外壳，才成为空中的色彩。同样，生活中每个人应懂得变通。古语云：变则通，通则久。拥有了变通，便拥有了先人的一步优势，变通代表的是另一种思维方式，另一种处世方法。

通往成功的道路不是一条，变通做事是面对困境或难题时，善于转弯、另辟蹊径。变通不是恭维圆滑，而是另一种方式的改变与尝试，无论什么时候都不应该忘掉变通的方式。变通做事让你在危难关头化险为夷，在生活中如鱼得水。变通做事，方能化解矛盾，硕果累累。

朋友们，如果你在为人处世方面总是处于偏执的状态，你不妨看看以下几点，从中学习一下如何在社会中灵活自如地与他人相处。

1.识时务者为俊杰

中国有句俗语：“人在屋檐下，怎能不低头。”在现实人际交往中，我们应该学会审时度势，以达到与现实保持主动、和谐的关系，使二者的摩擦与冲突降至最低点，使自我能量得以保存，以便在人生路上获得更长远的发展。

2.不同的人，不同地对待

在人际交往中，注意做到随时应变。跟君子相处平平淡淡，跟小人相处应该保持一定距离，跟坏人相处应该见机行事……总之，将灵活机变的策略发挥得越充分越好。

3.避免钻牛角尖

在生活中，有些人往往做事认死理，钻牛角尖，甚至一条道路走到黑。其实，有些时候，只要人人不经意地变通一下，也许问题就会变得豁然开朗，柳暗花明。所以说，为人处世，别太固执，多思考几种出路，相信你会找到更好的方法。

4.相信自己，给予自己积极的暗示

成功的大道，即便陷入了困境，即便遇到了棘手之事，也不要消沉，不要焦虑，有一条路可以绕开生活道路上的一切障碍，让你到达目的地，这条路就是灵活变通。凡事变通，才能够顺利解决问题，能够找到更为宽广的出路。

灵活变通的做事方法会让尴尬的事情变得自然，会让离轨的事情走回正轨。这就是灵活变通的魅力，大家在运用灵活变通的做事方法时，要结合语言艺术，要言行合一，这样的效果更明显。要记住：找到好方法，比一味苦干更重要。

第 16 章　有所保留，任何时候都不要丢掉防人之心

别随便和人交心，保持应有的警惕

中国有句古话：君子之交淡如水。与人交往保持一定的距离，不是疏远对方，而是在交往当中，学会尊重别人。学会了尊重与理解，结交的朋友就会很长久。

张进是个活泼开朗的人，对人热情，很爱交朋友。在大学里有一大帮哥们，在网上也有很多兴趣相投的朋友。张进相信在职场中，自己也会交到朋友。果然，他进入职场以后，热心对待同事，跟大家处得非常不错。工作中互帮互助，下班后一起出去喝酒、打篮球、旅游。张进觉得职场并不像人们形容得那么恐怖，当其他同学跟他抱怨自己同事们为了利益勾心斗角时，张进觉得自己幸运多了。自己单位的同事素质很高，大家相处和睦，很少看到为了利益争得不可开交的情况。

由于每天和同事们相处的时间长一些，张进把他们当做了自己的朋友。尤其是同事阿龙，两个人是工作上的搭档，比别人接触得频繁，“交情”显然比别人深。

张进和阿龙常常在一起探讨问题，话题是天南海北，很谈得来。这种融洽的局面却因晋升而打破了。因为两个人表现都不错，公司决定要对他们考察一段时间，然后根据他们的表现，从两个人中选一个人担任主管。

这是一个晋升的好机会，张进和阿龙都很高兴，但是想到对手就是彼此的搭档，心里有些不自然，二人的关系自消息宣布之日起，慢慢起着微妙的变化。张进觉得很苦恼，虽然两个人工作配合如初，但是私下的话还是少了。考验期还没结束，张进的工作突然被停了，而且还遭到了经理的批评，晋升的事自然就没戏了。这到底是怎么回事呢？原来是搭档阿龙背后捅刀子，将自己平时对经理的不满偷偷告诉了领导。

无论是社会大环境，还是小小的办公室，其中的“凶险”有时不比三国乱世差，说话、做事稍有不慎，就可能丢掉饭碗，失去发展的机遇。所以，知人知面不知心，千万不要随便与人交心，保持一定的警惕心理是非常重要的，否则惹上麻烦后你后悔都来不及。

俗话说：“相交满天下，知心有几人。”人们总是渴望别人交心，殊不知万事皆有度，太过交心也会害了自己。希腊有古语曰：“知心不是美德，而是灾祸的种子。”因此，不可以过度和别人交心，更不可以随便和别人交心。

1.心里话不可随便吐露

“知人知面不知心”，不能把握他人的真实想法，却去与之交心，这是人生最大的危险。如果不清楚与你相处的人到底是何居心，也不能控制与自己相处的人按照自己的想法行事，那么就要注意提高自己的警惕和防范意识，不要随便和别人吐露心声。

2.保持不远不近的关系

职场上，与同事相处，太远了显然不好，人家会误认为你不合群、孤僻、性格高傲；太近了也不好，因为这样容易让别人说废话，而且也容易使上司误解，认定你是在拉帮结派。所以不群不离、不远不近的同事关系，才是最合适的和最理想的。

3.不掺和是是非非

不论多么值得信赖的人，当涉及个人利益的时候，朋友也极易变成敌人。在对方面前批评第三人，无疑是自丢把柄给别人，有一天深受其害都不知所以然。即使是对方批评第三人时，也不可随声附和，要么哼哼哈哈敷衍过去，要么岔开话题，以免事发时被当成“同案犯”。

人与人之间的误会、争执、利害冲突不是人们的疏远而造成的，恰恰相反。是因为太亲密造成的。驾驶员朋友都知道，要避免撞车，就要注意车距。同样，在人际关系中，与他人保持适当距离是避免发生冲突的最好的规避手段。

嘴上把好门，关系再近说话也要有分寸

姚太太和严太太是邻居。姚太太是本地人，严太太是新搬来的，大约有三个月左右。两个人的认识是从他们的孩子开始的，由于两个孩子经常一起玩，于是她们两个女人也逐渐熟悉起来。说来也巧，她们二人都喜欢打麻将，由于爱好一致，两人平时没事就在一起搓麻将。渐渐地，关系越来越好，可以说是无话不谈，大有相见恨晚之意。谁家有什么事，另外一家必定出来帮忙。因此，她们关系非常好。其他邻居还经常开玩笑：“你们俩啊，关系好的都快赶上亲姐妹了，整天形影不离，当心你们老公不乐意。”这只是一句玩笑话，她们都为自己有一个这么好的朋友而感到高兴。但自从发生了这样一件事后，一切都变了。

那天，严太太在骑电动车去上班的路上，不小心被一辆小汽车给撞了，幸亏及时打了急救电话被送到医院，只是左腿骨折，不然可能会因失血过多而有生命危险。

在住院的第二天，姚太太就买了很多水果、煲了鸡汤来到医院看望自己的好朋友。进门后，姚太太就扯开嗓子说：“天哪，我的姐妹是不是走了？”严太太一听，本身就全身很痛的她立刻觉得很不舒服。虽然她知道姚太太平时爱开玩笑，但这个玩笑实在不好笑。

这时，姚太太继续说：“上次我还跟你们家老公说，该买辆汽车了，电动

车太危险了。不过人要出车祸，就是开飞机，也是一样要出事。”姚太太的这番话，更让严太太不舒服了，好像她要表达的是严太太注定要倒霉似的。

接下来，严太太口气冷冷地说：“姚姐，我身体有点乏了，想睡会，医生说我不适合喝鸡汤，你把东西带回去吧。”姚太太一脸愕然，严妹妹这是怎么了。不过她看到躺在病床上的严太太已经把脸转过去了，就只好走了。

自从这件事后，严太太再也没来找过姚太太，姚太太主动联系她，她也找借口说自己有事。后来，两人的关系也就慢慢淡了，见面连招呼也不打了。

与人交往要坦诚，对于普通朋友如此，对待亲密的朋友更应如此。但是有一点大家需要明白，所谓坦诚，也要坦诚得有分寸，要有度。朋友之间，“胸无芥蒂，无话不说”作为交往中总的准则是不错的。但是，坦诚也应留有余地，关系再好的朋友在人前也要把握好说话分寸，不能因为关系好就无所顾忌。如果你不懂得给自己的嘴巴把好门，那么不知哪天，你们的友谊说不定就会破灭。

对于自己的好友，我们该如何把握好相处的分寸，避免关系破裂呢？

1.不要触碰好友的底线

每个人的内心都有自己的底线，底线是人们设置的保护自己的最重要防线。如果你轻易地去触碰他人的底线，那么，很可能会使他人伤心或发怒，由此导致关系破裂，因此，不要触碰他人的底线。

2.不做“零距离”好友

距离是一种美，也是一种保护。朋友之间，需要保持一定的距离。无论是什么样的朋友，无论关系多么密切，距离都是如此重要。朋友，需用心去经营，需要有一定的艺术性。

3.隐私问题不可忽视

每个人都有自己的隐私，一般来说，人们总是喜欢把不想让外人了解的心里话告诉自己的好朋友、好闺蜜，这时候，不管你们关系如何，你都要懂得保守住对方的秘密，也不要拿他的秘密开玩笑，否则有一天，你们连朋友都做不了。不宣扬他人隐私是一种好的道德品质，这能反映出一个人的修养，希望大家一定牢记。

为什么生活中许多关系非常亲近的人最后成了伤自己最深的人呢？就是因为对方对你的生活、习惯和各种细节，有着最为细致的了解，而你们性情相投，喜欢的人或者东西必定也会有相同之处，如果对方真的想从你身边夺走一样东西，也是最容易的。

小心被利用，不可泛滥同情心

每个人的心灵，都有其柔软的地方，再强势的人，也有他人不易察觉的弱点，这就是同情心。做人要善良、要有同情心。但如果放到某些具体的、特殊的场合中去考察，则不可简单了之，而是要把握同情心的分寸。如果好坏不分，一味善良，就会常被别人利用。

《伊索寓言》讲过这样一则故事：

一头年迈的狮子，无法再凭力量驰骋沙场，去争夺领地和食物了。想要活命就必须获取食物，不能力拼怎么办呢？就只能靠智取了。

足智多谋的老狮子很快心生一计，决定躲进一个山洞，然后躺在里面装病。因为洞口常有小动物经过，他一旦听到有小动物经过的声音，就开始痛苦地呻吟起来，借此引来好奇的小动物，同时激发他们的怜悯心。等到小动物一进洞，就突然扑过去，把他们吃掉。

这个办法果然奏效，许多小动物因为同情老狮子而进到洞里被狮子吃了。泛滥的同情心，使许许多多无辜的小动物就这样白白地送进了狮子贪婪的大口，成了狮子的美餐。聪明的狐狸经过细心观察，发现了这个奇怪的现象，许多小动物只要经过狮子洞口，总是有去无回。他开始怀疑洞里的老狮子在玩什么鬼把戏，便决定去一探究竟，彻底揭穿老狮子骗人的把戏。一天，狐狸悄悄来到老狮子的洞口，只远远地观察老狮子，看他能玩出什么花招，却丝毫不敢贸然前进一步。正在假寐的狮子感觉有小动物来了，偷眼一瞧，好家伙，这回来了一只狐狸，真是太好了，我正饿得肚子咕咕叫呢，不过狐狸很狡猾，我得想想办法，不能让这送上门的美味跑了。于是他又开始故伎重演，痛苦地呻吟起来："哎哟，哎哟，我的脚怎么这么痛啊。"

狐狸心里暗暗发笑，可还是假惺惺关切地问："大王啊，您怎么啦，哪里不舒服啊？"狮子痛苦地答道："我老了，不中用了，前天散步，一不留神就把脚崴了。朋友，我估计不久就要和你们永别了。"狐狸忙说："瞧您这么强壮威武，这点小病怎么会有事呢？"老狮子说："我可不是装病，不信你过来瞧瞧。"狐狸笑了："我可不敢过去，只怕我这一去，就会像其他动物一样，成了你的一顿美餐。"

老狮子的呻吟声更加痛苦了，他要装得更逼真一些，来赢得狐狸的同情。狐狸见老狮子还在装病，只冷冷地瞥了狮子一眼说："别再装了，我早已识破你的诡计了，难道我是瞎子吗，没看见这里只有进来的脚印，没有出去的脚印吗？我怎么还会上你的当呢？"

我们要做一个具有怜悯之心的人，对于真正需要帮助的人我们有必要给予一定的帮助，可是对于一些别有用心的人，利用我们的怜悯之心行骗的人，我们应该给予唾弃甚至鄙视。那么，如何看穿这些人的内心，揭穿他们的骗局呢。

1.有所节制，把握同情的分寸

对于我们来说，同情心不是说不应该有，而是要在施与中认清对象是否值得去给。真正的善做人者大都懂得把握同情的分寸，不会不分对象不加节制地慷慨付出一切。否则，一不小心，不但会使宝贵的同情心白白浪费掉，自己也容易深受其害。

2.一定要有自己的立场和原则

我们不要总是因为怜悯对方而丧失了自己的立场，有些事情是不能做的，就算是对方一再的在你耳边吹风，你也不要动摇，内心坚定才是正道。比如说，有人为了谋取私利而一味地在你面前诉说他的苦衷与艰难，这时候如果你动摇了，伸手为他做点什么，那当麻烦找到你的那一天你就后悔莫及。

3.仔细观察对方的眼神是否有异

注意观察对方的眼神，说真话的人眼睛不会左右乱转，而企图欺骗他人的人的眼神总是不稳定的，左顾右盼。而且他会将眼神的注意力放在别的地方，不会直视你，这其实是为了逃避由于说谎而产生的压力。只有这样，行骗者才能够让自己心理趋于平衡。

我们说不可滥施同情心，不是说不应有同情心，只是告诉大家认清现实，不要上当。善良的人不是说为了他人就不分青红皂白竭尽全力为其做事，善良的人应更懂得把握做事的分寸，不让心怀不轨之人为所欲为。

分不清对象，发牢骚容易招祸患

发牢骚是一件很平常的事情，毕竟谁都会有心里不舒服的时候。与人聊天，你也许只是想发发牢骚，没有什么恶意，更无意要伤害和对付谁，但是说者无意听者有心。他们虽然没有很认真地听你诉说，但未必跟你是同一伙的。小心你说的那些“心里话”会变成他们对付你的“利器”。

杜晓蓓曾经是某公司广告部部门经理王瑞的助理，一直以来王瑞都很欣赏她，因为他交给杜晓蓓的工作，总是完成得又快又好。不过，杜晓蓓因为一次无心的抱怨而从此失去了经理的器重。

一天，杜晓蓓的任务特别繁重，一个大单子，一份策划，一份总结，再加上杜晓蓓的陈年旧病——肠炎又发作了，于是杜晓蓓的工作进度很慢。王瑞看了杜晓蓓的业绩，实在是着急：“晓蓓，加把劲儿啊，我还得指望着你呢。”

本来身体就不适的杜晓蓓听不惯领导的话，于是不厌其烦，抱怨的话脱口而出：“王经理，我就这个水平，我在公司里是最忙的了。”

王瑞是个对工作要求很严格的人，正巧当时任务急，心里也是很烦躁，听杜晓蓓这么说很不高兴："好好好，你辛苦了，我让别人做，以后你多多休息就可以。"

于是，就因为这样一句牢骚，杜晓蓓就失去了自己的工作。

发牢骚多的人大多数是消极心理严重的人，情绪不稳定，说明这个人的思想水平不高，缺乏涵养，不善于思考与分析，控制自我意识的能力差；还证明这个人心胸狭窄，斤斤计较，患得患失，不能容人；还可以反映这个人的人品一般，不懂得人与人之间如何相处。常发牢骚有着如此多的缺点，相信这样的人在交际中并不怎么受欢迎。所以说，大家还是谨慎对待这个问题为妙。

其实，改变一下自己的心态，尽力避免发牢骚，对于每个人来说是非常重要的。但是大家知道怎么克服自己爱发牢骚的心理，避免招来不必要的麻烦吗?

1.祸从口出，说话请三思

祸从口出，说话太多往往容易惹祸上身，坦率不是错，但是毫无保留地坦率就是笨了。俗话说，"逢人只说三分话"，还有七分话，不必对人说出，这是一种变通的说话手段，更是一种自我保护的方法，毕竟不是所有的人都是跟你交心的。这一点，大家一定要注意。

2.改掉爱发牢骚的毛病

有位企业领导者一针见血地指出："抱怨和牢骚是失败的借口，是逃避责任的理由。"抱怨使人思想偏激，心胸狭窄。一个将自己的头脑装满了抱怨的人是无法想象未来的。抱怨使你与他人的理念格格不入，使个人的发展道路越走越窄，最后一事无成。

3.静坐常思己过，闲谈莫论人非

古人云：静坐常思己过，闲谈莫论人非。他们常以这句话来要求自己自律，认为在背后非议人家是小人之行，而不是品行高洁的君子所为。因此，我们在生活中也要做到"静坐常思己过，闲谈莫论人非"，时刻以君子的品行要求自己，为人处世要光明磊落。如果你能做到这点，你不仅不会因为发牢骚而生出事端，也会让对方感受到你的修养，对你敬重有加。

当遇到别人发牢骚的时候，你要以体谅的心情，力求从积极的方面对发牢骚者加以劝阻和诱导，因为生活中每个人都会遇到不平和不快乐的事情。通过劝阻和诱导，使发牢骚者缓和怨怒的情绪，放宽胸怀，开阔眼界，避免死钻牛角尖，放弃种种偏激之见。

眼明心亮，看清周边的小人

北宋王安石在担任宰相期间，对吕惠卿极为信任，他夸奖吕惠卿说："吕惠卿办事用心勤勉，是朝廷中难得的人才，好好栽培他，一定能为国建功。"吕惠卿其实是个阴险小人，他为了骗取王安石的好感，故意装出一副正直勤恳的模样。一次，他假装气愤地对王安石说："现在有不少人抵制新法，完全不为国家大计着想，我真不知这些人是何心肠？一个人做官若是只为私利，那他就没有报国之心了。"王安石最欣赏忧国忧民的人，吕惠卿的假话骗了他，王安石渐渐地把他当作知心朋友对待，和他无话不谈了。吕惠卿总是找借口和王安石饮酒聊天，王安石说过的一些激进话，吕惠卿暗中记下，备他日攻击王安石之用。他把王安石写给他的信一一收好，其中犯忌的话语他都特别摘出，收录成册。对于这些，王安石毫无察觉。有人在旁看得清楚，提醒他说："看一个人的品质如何，要看他后半生的表现，这才是准确无误的。你现在有权有势，自然有人会恭维你，这个时候的朋友，未必可靠啊！"王安石坚信自己识人没错。果然吕惠卿后来向神宗皇帝上报王安石的"罪证"，神宗皇帝于是开始疏远王安石了。王安石被迫辞职后，吕惠卿公开打击王安石。他把王安石的两个弟弟贬到外地，肆意诬陷王安石危害国家，任人唯亲。王安石十分后悔，却也无济于事。王安石错用了吕惠卿，对他的事业造成了不可估量的损失。他只相自己的眼睛，却不相信旁观者清的事实；他刚愎自用，到头来自食恶果。

看完上面的故事，相信大家也不禁寒颤，因为一不留神，真就会栽倒在小人手里。谁都知道，小人最难提防。之所以如此，并不是因为小人从实力上比正人君子强多少，而是由于小人从不在自己脸上刻字，他们的小人勾当，也多是在阴暗角落里干出来的；到了人前，他们也许比君子装得还要像“君子”。所以说，在社交中要想自己不被小人所害，我们必须懂得识人，看清他们的真面目，时刻保持警惕心理，说不定他就在你的身边。

与人交往，可以说鱼龙混杂，形形色色的人都有。看清小人嘴脸，远离小人，或者把自己变成“刺猬”，让那些小人远离你，这样才能远离麻烦和灾难。但是，有时候你还要不可避免地与“小人”打交道，这时候，你就要找到一个合适的距离，既对自己有利，又能避免得罪“小人”。那么，生活中有哪些小人需要你有所提防呢?

1.看不得别人好的小人

因为小人心眼儿小，所以看不得别人好。如果别人做出了一点儿成绩，或者别人做得比他好，他就忌妒得要命。遇到这种情况，小人一般会冷嘲热讽，说些“吃不到葡萄说葡萄酸”的话。还有些小人心机比较重，虽然嘴上不说什么，但是暗地里搞破坏，说别人的坏话。

2.前后不一致的小人

他们是诡诈的小人，开始时你也许会把他当作朋友，但后来却发现，他其实是想贬损你或欲加害于你。凡是在领导面前露脸的工作就抢着干，凡是领导看不到的工作就能推则推。这类小人的特点是“皮笑肉不笑”，叫人猜不透他们的笑容背后究竟隐藏着什么。

3.喜欢挑拨离间的小人

人世间，绝大多数人是真诚和善良的，但也确有一些虚伪和刁滑的丑类。那种为了个人的私利而挑拨离间彼此团结的龌龊之辈，就是这些丑类的一种。爱造谣生事、挑拨离间的小人总是特别善于见缝插针，恨不得早一点置别人于死地。

4.故作愚笨没责任心的小人

小人往往在别人面前表现得很笨拙，遇到不愿意干的活或者没什么利益的事，通常会以此为借口顺道吹捧别人几句把麻烦推出去。这种故作笨拙的人，实则精明透顶，有利的时候少不了他，有危机的时候找不到他。

5.见利忘义的小人

小人见利忘义，他们为了自己的利益，今天可以和你称兄道弟，甚至鞍前马后，明天就会说你一无是处，反目成仇。他们为了达到自己的目的不择手段，到处拨弄是非，甚至降低自己的人格点头哈腰，围着有权力者摇头摆尾。

小人可恶，但并不代表你要与之为敌。因为小人是不择手段的人，他们如果要报复，必定心狠，所以，没必要的情况下还是别与他们硬碰硬为好。看清小人的真面目需要慧眼，与小人保持合适的距离需要处世智慧，忍耐小人的狭隘无礼需要度量，总之，人生路上。不得不修炼敬而远之防小人的技巧！

第17章　化敌为友，让对手为我所用的心理博弈

传递友善，化敌为友

在谈这个问题之前，我们需要先了解博弈论上的斗鸡博弈，这个模型是这样的：试想，现在有两只斗鸡相遇了，很明显，每只公鸡有两个行动选择：一是退下来，一是进攻。如果一方退下来，而对方没有退下来，对方获得胜利，这只公鸡则很丢面子；如果对方也退下来，双方则打个平手；如果自己没退下来，而对方退下来，自己则胜利，对方则失败；如果两只公鸡都前进，那么则两败俱伤。因此，对每只公鸡来说，最好的结果是，对方退下来，而自己不退。

从斗鸡博弈中，我们不难发现，对于竞争的双方来说，最好的结果莫过于双方都退让一步，也就是把对手变为朋友。不得不承认某些人蓄意阻挡我们前进，然而，大多数情况下，双方确实因为阴差阳错而交恶。在这种局面下，我们不能采取针尖对麦芒的方式，而应该学会调整自己的心态，如果能化敌为友，那么，不仅能避免两败俱伤的局面出现，还有可能找到一条让双方共同前进的道路。下面是世界上的顶级富翁巴菲特和比尔盖茨之间的一段故事：

曾经一度，世界首富比尔·盖茨和世界第二富翁沃伦·巴菲特是两个互不相干的人，并且巴菲特认为盖茨是一个小气、顽固、靠投机敛财的人。但后来的一次机遇，让他们重新认识了彼此，并建立了深厚的友谊。这件事情发生在

1991年。

那年的一天，巴菲特给盖茨寄去了一张华尔街CEO聚会的请帖，主讲人就是巴菲特，因为对巴菲特心存偏见，盖茨对这次聚会不屑一顾，对于这张请帖，他也随手丢到了一旁，这一幕被盖茨的母亲看到了，她劝解自己的儿子："我倒是觉得你应该去听听，他或许恰好可以弥补你身上的缺点。"母亲的话对盖茨起到了作用，他决定以全新的态度去认识巴菲特这个商界前辈。

二人见面后，对盖茨同样心存偏见的巴菲特也傲慢地说："你就是那个传说中非常幸运的年轻人啊？"在听过母亲的劝解后，盖茨是抱着一颗真心来结识巴菲特的，因此，面对巴菲特并不客气地问候，他他没有针锋相对，而是真诚地鞠了一躬，"我很想向前辈学习。"盖茨的这一举动让巴菲特觉得很意外，但也很感动，就是这一举动，让巴菲特对盖茨的印象一下子好了很多。

就在离会议开始还有一段时间时，这两个商界奇才坐到了一起，他们就世界经济这一问题发表了自己的看法，他们发现，原来彼此对于很多问题的见解都如此惊人的一致，除此之外，他们还有很多共同点，都是白手起家、热衷冒险、不怕犯错误 不知不觉中，时间溜过去一个多小时，意犹未尽的巴菲特被催促着来到演讲台上，他的开场白竟然是："在开始讲话之前，我想说的是，今天我第一次和比尔·盖茨交谈，他是一个比我聪明的人。"

从这次聚会之后，他们之间进行了更为密切的交往，随后，他们都发现原来彼此从前对对方存有很深的偏见。盖茨逐渐认识到，原来巴菲特并不是人们所说的吝啬小人，而是对金钱有着超凡脱俗的深刻见解，他说"财富应该用一种良好的方式反馈给社会，而不是留给子女"。就是在他的影响下，一心忙于工作、对婚姻持怀疑态度的盖茨终于学会了热爱家庭。

而在巴菲特眼里，盖茨也是个年轻有为的"真人"。2006年6月15日，盖茨宣布将逐步退出微软，专心从事慈善基金会的事业。紧随其后，6月25日，巴菲特因为妻子过早去世，决定把370亿美元的财产捐给盖茨的慈善基金会。

巴菲特多次公开说，此生最了解他的人就是盖茨；而盖茨尊称巴菲特为自己人生的老师。

可以说，盖茨和巴菲特之间的偏见的解除，是由盖茨这个年轻人的一句“我很想向前辈学习”而逐渐解开的，他曾经给巴菲特的印象就是一个幸运的年轻人，而当他决定用一个真心去结交巴菲特的时候，他已经决定抛开成见，他跨出了交往的第一步，才会有后来两人关系的逐渐好转到成为莫逆之交。从这个故事中，我们看出一点，人与人之间的感情是相互的，要想获得他人的喜欢，我们首先就要尝试喜欢他人，并主动伸出友谊之手。

的确，生活中，无论我们处于怎样的工作和生活环境中，相信都有一两个劲敌，他们也可以说是你的对手，对此，你有怎样的心理呢？是嫉妒还是欣赏？是大声叫好还是不屑一顾？尤其是当你发现对方已经赶超你的时候，你为他鼓掌，会化解对方对你的不满和成见，改变他对你的态度，他会觉得你慷慨地付出自己的真诚，从此，他也会给予你支持。人都是这样，死结越拧越紧，活结虽复杂，却容易打开。

不得不说，在面对对手和敌人时，人们多半会采取不屈不挠、抗争到底的态度，这也是斗鸡们的共识，然而，真正明智的人会选择另外一种方式：站到敌人身边去，与敌人成为朋友。

人际交往其实也是博弈的过程，如果双方博弈的结果是“零和”或“负和”，那么，一方得益的同时，就会导致另一方受损或者双方都受损，最终导致的结果是两败俱伤。所以，为了生存，我们必须要学会共赢，要达到共赢，在人际交往中，我们就要做到：

一方面，我们要用友善的态度对人，在与人交谈的时候，要多考虑对方的感受，不要轻易地说让他人心情不悦的话，更不要随便当面指出对方的缺点，即使他人有什么过错，也应该迂回、委婉地指出来，让他人感受到你的善解人意，这样才能取得别人更多的信任和喜爱。

另一方面，与任何人交往，都不可太过感性，如果只与那些说好话的人交往，就会有掉进奉承的陷阱里，而交不到真正的朋友。

再次，我们应该放宽自己的眼界，不要只与自己喜欢的人交往。因为很多我们不喜欢的人，却是能激励我们成长的人，他们常常忠言逆耳，常常不厌其烦地指正我们的行为。

把对手变为朋友，从经济学的角度看，这样不仅能在竞争中不战而胜，更能交到一个与自己实力相当的朋友，实乃一举两得的美事！

向你的“敌人”求助，能改善彼此关系

当今社会，竞争激烈，每个人都希望超越竞争对手一步，这样你才能获得无限晋升的机会，你的前途自然就会一片光明。所以，如何与对手博弈就是我们思考的问题。的确，很多情况下，面对对手，人们更多采取的是打击的方法，其实，这样做还不如化敌为友、化干戈为玉帛。为此，我们有必要掌握改善与对手关系的博弈策略，其中的一个方法就是向他们学习、请教，这样，不仅能取人之长，补己之短，汲取竞争对手成功的经验，借鉴他们失败的教训，全面提高自己的综合竞争实力，还能让他们感受到我们知识与能力的不足，自然会向对手传递友好、改善关系。

“小姜毕业一年多就提升为业务经理，真了不起，大有前途呀！祝贺你啊！”在外单位工作的朋友小叶十分钦佩地说。“没什么，没什么，老兄你过奖了。主要是我们这儿水土好，领导和同事们抬举我。”小姜说完后，见同一年大学毕业的小吴在办公室里，便压抑着内心的欣喜，谦虚地对他说：“小吴，今天小叶来了，晚上一起吃个饭呗，我正好有个问题要请教你呢。到时候别忘了”。小吴虽然也嫉妒小姜被提拔，但见他这么谦虚，也就笑盈盈地主动招呼小姜的朋友小叶：“请坐啊！”

案例中，小姜的做法是对的，很明显，小吴是他明里暗里的对手，对于自己暂时的成功肯定是嫉妒的，而他主动降低姿态请小吴吃饭，并请教他，表现自己的虚心，自然也就压制住了小吴的不满。而不难想像，小姜此时如果说什

么“凭我的水平和能力早可以提拔了”之类的话，定会引起小吴的嫉妒。身在职场处于高位时，自然是可喜可贺的事。如果别人一奉承，你就马上陶醉而喜形于色，这就会无形中加强别人的嫉妒心理。可见，在办公室里，言谈中多一些谦虚的话，就能有效地减弱同事们的嫉妒心理。

日本企业家福富先生曾经有过这样一段工作经历：那时候，他才17岁，他的同事们都是一些富有经验的老员工，对于这样一个年纪轻轻的毛头小子自然会轻视。因此，福富决定一定要做出一番成绩来，向对手证明自己的实力。

对于老员工们的鄙视，他并没有退缩，而是大大方方求教，总是力求从中学会一点东西，知道一些事情。后来，他即使在公司遇到老同事，也不会避而不见或者躲开，而是主动上前，躬身行礼并谦虚地招呼说：“我难免有做不到的地方，请多指教！”面对这样一个谦虚的年轻人，谁又能拒绝得了呢？于是，他们就会以长者的风度指出他应该注意和改正的地方。福富洗耳恭听，然后立即按照他们的指导改正自己的缺点，以求做得更好。功夫不负有心人，两年后，他明显成长进了许多。后来，老板居然破格提拔他为公司的部门经理，此时的他，才19岁。

从这个故事中，我们得出个结论，如果你要想在职场中搞好人际关系、尽快得到提升，那么就应该勇敢地向竞争对手去学习，变被动为主动，提高学习能力，注重学习细节，以促进自我的早日成功。

然而，实际上，现代社会，一些人，特别是具备高学历的人一般都很自负，他们认为自己无所不知，专业知识丰富，平时的工作方式虽然与同事们有差距，那也是自己的工作风格和个人魅力的所在，这样的细节问题不是评定自己的工作能力的标准。真的是这样吗？要知道，你的文凭只代表你过去的文化程度，它的价值往往只体现在你的保底薪金上，而它的有效期最多也就 3 个月。你如果要想在优秀的企业中站住脚，就必须从小学生做起，积极主动地向旁边的人学习。反之，你就不可能在竞争激烈的职场当中有所成就。

面对竞争对手，一定要放低身份，表现出自己的良好修养，这一点，在与比自己身份低的竞争对手说话时尤为重要。偶尔说一说“我不明白”“我不太清楚”“我没有理解您的意思”“请再说一遍”之类的语言，会使对方觉得你富有人情味，没有架子。相反，趾高气扬，高谈阔论，锋芒毕露，咄咄逼人，容易挫伤别人的自尊心，引起反感，以致他筑起防范的城墙，从而导致自己的被动。

当然，除了向对手请教外，要想改善彼此关系，我们还要掌握一些博弈心理策略，具体来说有：

1.要认可和承受对手的能力

当我们看到自己取得成功的时候总是兴奋不已，希望有人为自己鼓掌。可是当身边人，包括你的对手取得成功的时候，你该怎样去面对呢？是嫉妒还是欣赏？是大声叫好还是不屑一顾？尤其是你平日与他相处得很紧张、很不快乐的人成功了，这时候，你为他鼓掌，会化解对方对你的不满和成见，改变他对你的态度，他会觉得你慷慨地付出自己的真诚，从此，他也会给予你支持。人都是这样，死结越拧越紧，活结虽复杂，却容易打开。

2.你还要懂得为对手付出

要知道，为自己付出容易，为他人付出难，为自己的对手付出更是难上加难，需要我们有宽宏大量的精神，而且，这种付出，不仅仅是物质上的，还有精神上的。因此，当别人处于困境中时，你的一句简单的鼓励，都可能让对方重新站起来。当别人取得成就时，你的一句简单的恭喜也都是最好的礼物。

另外，放低姿态，不是低声下气、奉承谄媚。说话、做事时放低姿态是一种艺术。尤其是在我们得意之时，与同事说话，要谦和有礼、虚心，这样才能显示出自己的君子风度，淡化别人对你的嫉妒心理，维持和谐良好的人际关系。

有了误解，就要主动认错

生活中，与人交往，我们难免会出现一些失误，比如说错话、做错事，这都会让对方心生不悦，如果我们没有认识到自己的错误而继续自己的言谈，那么，很可能让交谈陷入尴尬境地，而即便对方没有表现出自己的不满，也会心生不悦并可能随时间的推移而逐渐加深。而假若我们能主动承认错误、把话说开，那么，对方心中的不快会随之消失，也会因为我们敢于承认错误而对我们留下很好的印象。所以说，主动认错是一种很好的方法，能赢得人际交往中的主动。

我们在运用主动认错这一博弈心理策略的时候，该注意哪些语言技巧呢？

1.先道歉后解释

有错就应该勇敢承认，并注意自己的认错态度：不要试图给自己找借口；诚恳认错，才能获得谅解。另外，道歉后，你可以向对方解释一下，才能表示自己的诚意。如："对不起，这事我做得真不对。事情是这样的……"

2.道歉时的语气和态度

真诚的道歉，应该做到态度温和、诚恳并且不卑不亢。另外，道歉时，切不可语言重复啰唆，而应该简洁、明了，在表面自己的态度后对方一般都会谅解，此时，就不必多说了。

3.假如你觉得道歉的话说不出口，可用别的方法代替

比如，如果你与某个朋友发生了不愉快的事，你可以打电话问他："还生气呢？"即使对方以前再生气，面对你的道歉，他一般都会说："生什么气啊。"可见，打电话致歉是个好办法。

4.没有错，有时也需要道歉

这种情况常适用于管理者。当你的下属在工作中未能恪尽职守；或者某一方面的工作未尽人意，为了促使下属进一步反省。也为了挽回单位的信誉，作为管理者应诚恳庄重地向对方或公众表达歉意，以求得谅解。

某学校教研室有一次承担一个重要的考试任务，大家都很重视。在考试的前一天，要把一切考务工作做好，可是这一天，又恰逢学校的运动会。运动会后，大家都要留下来做考务工作。可运动会后，有一位年轻教师因为疏忽了没有留下来而影响了工作。事后，教研会主任找到他，他采取这样的批评方

式——自责。他说："你看，都怪我，我多提醒你一下就好了。"这位年轻教师忙说："不怪你，你都告诉我两遍了。"

于是，在总结会议上，教研会按要求扣了这位年轻教师100 元钱，教研室主任也在大会上作了检讨："我工作疏忽，没有及时提醒他，请大家下不为例。"

在这个事例中，这为教研处主任虽然没有错，但他也主动道歉，这是一种得当的批评方式。这位年轻的教师自然也会愉快地接受，而实际上，大家根本不可能会指责他。

总之，在道歉的语言技巧这部分里，我们需要掌握：态度要真诚、语言温和、先道歉后解释；如果你觉得自己不善言辞，那么，你可以寻找别的方法代替；有时候，即使没错，为了友谊，你也应该道歉。

我们掌握了道歉的语言技巧，但是还应该根据场合、情况的不同，注意一些小事项：

①道歉应该不卑不亢，不必低三下四。

②道歉要注意态度，错在你，别颐指气使。

③把握道歉时机。道歉在事件发生的越短时间内越好，时间越长，就越难开口，误解就会越深。

别较真，否则只能两败俱伤

生活中，我们每个人都有一些对手，一些人在与对手交锋的过程中，为了获得利益，他们始终不肯让步，甚至与对手争论到不可开交的地步，最终，他"获胜"了，但从长远的角度来看，他还是失败了，因为从社交的角度看，那种不懂得双赢原则的人，最终不会得到任何人的信任与好感，将成为社交中的弃儿。所以，胜利与失败并不是社交活动最好的结果，最好的结果是双赢，正如一句广告词一样："大家好才是真的好！"

所谓双赢，应用到人际交往中，指的就是采取对双方都有利的交际措施，得到他们应该得到和最想得到的东西。举个很简单的例子，大家一起排队坐公交车，如果都争相上车，谁也不让谁，最终结果只能是所有人都堵在车门口；而如果所有人都遵守前后秩序，一个个排队上车，这样，不仅所有人都能坐上车，还为大家节省了时间。

杰克和路易斯同为学校篮球队的队员，杰克在队中司职后卫，路易斯则是一名小前锋。大学阶段的他们都非常率真，尤其是向异性表达自己的真心。不巧的是杰克和路易斯都对同一个女生表达了自己的爱慕，一对好朋友就这样变成了敌人。这种敌对情绪使得二人的关系非常紧张，彼此间变得非常冷漠。但是在赛场上，两个人仍然并肩作战，在一场关键的比赛当中，还是路易斯接到杰克的传球将球投进篮，锁定了本队的胜利。就这样赛后两个人重归于好。

杰克和路易斯虽然因为一个女孩变成了情敌，但是赛场上两个人面对着共同的敌人，就重新成为了朋友，并且借着赛场上的友谊化解了两个人之间的敌意。

的确，人生路上，正因为有了对手，我们的生活才不会像白开水一样平淡乏味，而变得美丽、变得七彩斑斓；正因为有了对手，我们才不会像人工养殖的鲜花一样弱质纤纤，而变得越来越坚强；正因为有了对手，我们才能享受到真正的快乐。那么为何还要与对手较真呢？

因此，聪明的人们，即使与对手较量，也要学会运用双赢的思维，双赢其实也是一种有效方法，我们要引导对方看到对双方都有利的合作方式、利益点等，这样，就能得到一个皆大欢喜的结局。

杨心是一家油漆公司的销售主管，她所在的公司推出的油漆有环保、无异味的特点，很适合现在家居环保的要求。正是这一优点，这家公司的生意一直做得很好。最近，她联系了一家地产公司的李经理，他们洽谈了许多合作事宜。但是，李经理坚持要降价，这一点让杨心很为难，她需要回去和上级领导商量，于是谈判暂时搁置。不久后，杨心和李经理再次坐在了谈判桌旁。"李总，你好！关于您提出降价的条件，我已经与公司上级领导商量过了。我们都觉得，如果您能在贵小区优先替我们旗下的新油漆公司做广告宣传的话，我们公司愿意以最低的价格与您这样的大客户长期合作。”“不好意思，我们从不会为住户主动推荐那种油漆。”“您误会我的意思了，我们并不是希望您推进，我们只需要一个安全的宣传环境就行。”“你们要宣传多久？”“从开盘开始后的一年内。”“可以。”最终，李经理以最低的价格落成了新的楼盘，而杨心所在公司旗下的的新产品油漆也得到了大利的宣传，销量很好。

案例中，作为谈判方的代表，女主管杨心的聪明之处，就是利用了双赢这一原则，让客户和销售员实现了利益互补，交易达成必然水到渠成。

其实，很多时候，与对手较量，我们都也应运用这一心理博弈技巧。社会总是会有竞争，人与人之间也总是有利益的不平衡，关键在于我们抱什么样的态度。只要抱着“我好，你好”的双赢态度，按照这个原则去处理人际关系，你将会获得最理想的结果。

为此，我们都应该学会运用双赢思维，具体说来，你可以做到：

1.找出双方利益的平衡点

这个利益点，就是双方交流的中心，也是能成功打动对方的前提。当然，这还需要你做出让步，才能达成共识，一味地坚持，只会争个面红耳赤。其次，一定要有长远的眼光。要记住，这次的“妥协”和“退让”只是为赢得信任和下一次的合作彩排而已。

2.学会站在对方的立场说话

一位成功的推销员这样说道：“当我不去追求自已想得到的东西，而是去帮助别人得到他们想得到的东西时，我在经济上就会获得更多的成功，而在生活中也会有更多的乐趣。”的确，无论是从事推销工作还是社交活动，都是强化心理感受、获得心理认同感的重要方面。

3.为对方进行逻辑演绎，让对方接受“利益点”的变化

人是利益的动物。人与人之间的交际基本上是一种利益交换的过程。这种交换不仅可以指物质上的，更可以指精神上的，比如赞美、声望等，有时候，

这更能使对方获得心理上的报偿。

总之，与对手较量的过程中，我们要懂得互惠互利，争取双赢，并学会引导对方的想法，以利益为核心，经过层层推进，让对方接受利益的均衡。

装装糊涂，别针锋相对

现代社会，无论是商业还是政治或者是其他活动中，似乎都存在一些竞争对手。面对竞争对手，人们可能会不自觉地卖弄自己的才华，或者与对手针锋相对，而实际上，如果你着实比对手优越，能在竞争中胜出倒也无妨，但如果对方胜出，那么无异于打了自己的嘴巴。而一个真正有实力和梦想的人不会把自己的那点小才能挂在嘴上，宣扬自己的本事，即使当别人试探他时，他也会巧用转移话题的办法避开对方的注意力，从而隐藏自己的真实想法，为自己赢得更多的时间和空间来达到自己的目标。这是一种大智若愚的处世智慧，更是一种心理博弈策略。因此，在我们与对手较量的过程中，如果我们的力量不足或者遭到对手“逼供”时，不妨采取这一策略，避开对方的锋芒。

在我们熟知的勾践灭吴的故事中，勾践之所以能最终卧薪尝胆，一举灭吴，就是因为他懂得示弱，让吴王放松了警惕。

越王勾践退守会稽山后，就向全军发布号令说：“凡是我的父辈兄弟及和国君同姓的人，哪个能够协助我击退吴国的，我就同他共同管理越国的政事。”大夫文种向越王进谏说：“我听说过，商人在夏天就预先积蓄皮货，冬天就预先积蓄夏布，行旱路就预先准备好船只，行水路就预先准备好车辆，以备需要时用。一个国家即使没有外患，然而有谋略的大臣及勇敢的将士不能不事先培养和选择。就如蓑衣斗笠这种雨具，到下雨时，是一定要用上它的。现在大王您退守到会稽山之后，才来寻求有谋略的大臣，未免太晚了吧？”勾践回答说：“如果能听到大夫您的这番话，怎么能算晚呢？”说罢，就握着大夫文种的手，同他一起商量向吴国求和的事。

越王就派文种到吴国去求和。文种对吴王说："我们越国派不出有本领的人，就派了我这样无能的臣子，我不敢直接对您大王说，我私自同您手下的臣子说：我们越王的军队，不值得屈辱大王再来讨伐了，越王愿意把金玉及子女，奉献给大王，以酬谢大王的辱临。并请允许把越王的女儿作大王的婢妾，大夫的女儿作吴国大夫的婢妾，士的女儿作吴国士的婢妾，越国的珍宝也全部带来；越王将率领全国的人，编入大王的军队，一切听从大王的指挥。如果您大王认为越王的过错不能宽容，那么我们将烧毁宗庙，把妻子儿女捆绑起来，连同金玉一起投到江里，然后再带领现在仅有的五千人同吴国决一死战，那时一人就必定能抵两人用，这就等于是拿一万人的军队来对付大王您了，结果不免会使越国百姓和财物都遭到损失，岂不影响到大王加爱于越国的仁慈恻隐之心了吗？是情愿杀了越国所有的人，还是不花力气得到越国，请大王衡量一下，哪种有利呢？"

纵然吴国大夫伍子胥反对，但吴王夫差还是接受了文种的意见，同越国订立和约。

勾践正是因为接受了文种的意见，向吴国求和，才打消了后来吴王对自己"卧薪尝胆"的嫌疑，并放松了对他的警惕，为自己招兵买马、复兴越国赢得了充分的时间。

同样，现实生活中，我们与他人竞争，无论说话、做事都不可狂妄，要尽量放低自己，让对方感觉到你已经示弱了。

在日常交往中，与对手过招，我们已经习惯于向对方展示我们的强项、长处和优越，总是努力去做个强者，树立自己的强势地位，以压倒对方，但事实上，这样做只会让对方产生"逆反心理"——我要证明，我比你优秀！在这种心理的支配下，他们往往会更加勤勉，那么，我们最终要战胜对手的难度就无形中加大了，而如果我们不逞一时之强，先向对手示弱，便能使之对你放松警惕，便能为你赢得更多的机会争取胜利。

装糊涂其实不仅是一种大智若愚的智慧，更是一种高超的博弈技巧。的确，直言直语、做事不经过思考是一个人致命的弱点，也会让你在对手面前暴露无遗，当对方了解你的真实想法以后，便会对你大加防备甚至刻意与你为敌，可能你在吐露心声的时候，的确没有任何的顾虑，只看到现象或表面，也只考虑到自己的“不吐不快”，可是，当你想到你的这句不经意的话而给自己带来困扰时，你还会无所顾及地说话吗？“枪打出头鸟”，太过嚣张会成为众矢之的，因为通常情况下，人们都会对那些对自己构成威胁的人采取措施。而隐藏自己、避其锋芒，才会保存自己。

其实，当今社会，与人交往亦是如此，高手如云，不少人争强好胜，锋芒毕露，给人造成了咄咄逼人的感觉，其结果往往适得其反。其实用点心机，适当“示弱”，并不是表示你无能，有时反而起到化解矛盾、以柔克刚的作用，取得意想不到的妙效。承认“无知”，多学多问，是铺设走向成功之路的必备素质。学会了妥协，就能学会以屈求伸，以退为进，以静制动，以柔克刚，你才可能成为最后的胜利者。

总之，人都有一种好胜的心理，尤其在与对手较量的过程中，这就需要我们为人处世别争强好胜，能够主动示弱、装装糊涂是一种智慧。可以说，在为人处世中，懂得示弱是人际交往中掌握主动权的“灵丹妙药”，也是谦逊为人、低调处世的制胜法宝。

第18章　修复关系，悦纳他人不为裂痕嫌隙烦忧

矛盾不用怕，幽默来帮你化解

幽默在日常生活中起着点缀、调和、调节的作用，是人们在社交场合中所穿的最漂亮的服饰。幽默不仅能为你赢得广阔的人脉，助你摆脱尴尬与窘迫，更能像润滑剂一样，降低人际交往中的“摩擦系数”，化解冲突和矛盾，使人们从容地摆脱沟通中可能遇到的困境。

婆媳矛盾恐怕是每个结婚的男人都要面对的问题，而唐明现在就是婆媳矛盾的受害者。自从结婚之后，无论大事小事，老妈和莉莉之间似乎永远都无法达成和谐，总是矛盾不断，而且她们还都特别喜欢找唐明来评理，论出个谁对谁错，而唐明每次“秉公断案”，无论说谁错，最后都没有好下场。如果说老妈错，会被说“娶了媳妇忘了娘”；如果说莉莉错，会更悲惨，很可能自己就要打地铺了。

渐渐地，唐明悟出一个道理，那就是要想化解老妈和莉莉之间的婆媳矛盾，靠“秉公断案”是行不通的。于是，唐明决定改变策略。

有一次吃完早饭，唐明的老妈发现前一天晚上的饭碗还没有洗，非常生气，于是，不问缘由就大骂莉莉是个“懒婆娘”，而莉莉也不甘示弱，大声嚷嚷着婆婆“蛮横无理，没一点人情味”。最后，她们俩拉过唐明来“断案”，让他说句公道话，分清谁对谁错。

唐明知道自己的媳妇莉莉是个大迷糊，做事经常丢三忘四，但是还算是个勤快的人，而这两天，因为要照料生病的儿子，忘记了洗碗也是情有可原。唐明本来想替莉莉解释几句，又担心老妈说他偏袒自己的莉莉。他想了想，便说：“都没错，都说的对！”

老妈一听这话更加生气：“你这孩子是怎么回事，简直一点分辨是非的能力都没有！不洗碗，现在吃饭连个干净的碗都没有，到底是你老妈我的错，还是你媳妇莉莉的错？”

“老妈呀，真的，你们都是对的，都没错，错都在我一个人！”唐明假装严肃地说。

莉莉接着说道：“老公，你糊涂了吧？你有什么错？对，我没洗碗是不对，但是咱妈不问缘由就开始骂我，难道她就没错了？再说，这事情跟你没关系，你少来这套。”

唐明不等老妈和媳妇再说什么就接着说道：“肯定是我的错！因为我买的碗太少了，你一顿饭没洗，就没有碗用了。所以妈才和你吵起来、如果我多买几百上千个碗，别说一顿没洗，就是十天半个月不洗，大家也有干净的碗吃饭，你们俩就不会为这事大吵大闹了。所以说，全是因为我买少了碗，这还不是我的错吗？”

老妈和莉莉一听，不但不再争吵，还相视一笑。顿时，婆媳间即将爆发的一场“战争”烟消云散，一笑泯恩仇。

幽默是一个人内在气质的表现，它完全胜过外表的美。无论何人，只要充分运用自己的睿智，随机应变，用幽默的言辞缓和窘境，这就是一种成功。它能化冲突为喜悦，变危机为幸运，即使在充满火药味的场合，也可以成为最佳的缓和剂，帮助你摆脱困境。

幽默是有技巧的，不是随意地开玩笑，也不是打趣，做到幽默化解矛盾，你需要具备以下几点：

1.适当地自嘲一番

如果在公共场合出现矛盾的情况，这时你就应该学会自嘲，化解小矛盾。

沟通是一门艺术，而很多人在使用的时候却总是不得要领。因此，要想在生活中学会幽默，就需要经常和幽默的人打交道，掌握幽默的技巧才能掌握这门艺术。

2.加强自身修养

沟通交流中的矛盾，有些是因自身缺乏修养，待人虚伪所引起。例如有的人说话不雅、唾沫四溅，一旦影响他人且被对方所知觉，就会使对方感到厌恶。其实，这些场面是可以避免的，只因自己修养较差，不拘小节，待人不够真诚，所以使自己频频陷入矛盾境地。

3.突破常规思维

运用这种幽默技巧必须突破常规思维，出奇制胜地将对方引入你的圈套中。对方则是按照正常的思维去推理，根据你的设计，对方最后必然进入你设的语言圈套中。

4.内容切忌粗俗不堪

在使用这一手法时，要坚持文明表达、以理服人的原则，格调高尚文雅，内容纯净正派，要以德胜人、以理服人，切忌粗俗低级。虽然丑陋不堪也有可能一时因口舌之利占到上风，但泼妇骂街式的所谓“幽默”是令人不齿、十分不可取的。

幽默可以化解朋友之间的误会。在与朋友交往的过程中，也会出现相互的尴尬，甚至是相互不快的情况。如果任其发展，朋友之间的友谊会遭到不必要的打击。这时候，如果适时地来点幽默，就会很容易地让朋友间的误会与尴尬烟消云散。

不轻易留裂痕，宽容对待小摩擦

当一个人选择了仇恨，那么他将在黑暗中度过余生；当一个人选择了宽恕，那么他的生活就充满阳光。古语说：“知错能改，善莫大焉。”如果宽容能使一个人改过自新，何乐而不为？人与人之间常常因为一些彼此无法释怀的误会，而造成永远的伤害。如果我们都能从自己做起，开始宽容地看待他人，相信你一定能收到许多意想不到的结果。帮别人开启一扇窗，也就让自己看到更完整的天空。

一天，孔子的得意门生颜回去街上办事，见一家布店前围满了人。他上前一问，才知道是买布的跟卖布的发生了纠纷。

只听买布的大嚷大叫：“三八就是二十三，你为啥要我二十四个钱？”

颜回走到买布的跟前，施一礼说：“这位大哥，三八就是二十四，怎么会是二十三呢？是你算错了，不要吵啦。”

买布的仍不服气，指着颜回的鼻子说：“谁请你出来评理的？你算老几？要评理只有找孔夫子，错与不错只有他说了算。走，咱找他评理去！”

颜回说：“好。孔夫子若评你错了怎么办？”

买布的说：“评我错了输上我的脑袋。你错了呢？”

颜回说：“评我错了输上我的帽子。”

二人打着赌，找到了孔子。

孔子问明了情况，对颜回笑笑说：“三八就是二十三哪！颜回，你输啦，把帽子取下来给人家吧！”

颜回从来不跟老师斗嘴。

他听孔子评他错了，就老老实实摘下帽子，交给了买布的。

那人接过帽子，得意地走了。

对孔子的评判，颜回表面上绝对服从，心里却想不通。他认为孔子已老糊涂，便不想再跟孔子学习了。

第二天，颜回就借故说家中有事，要请假回去。

孔子明白颜回的心事，也不挑破，点头准了他的假。

颜回临行前，去跟孔子告别。

孔子要他办完事即返回，并嘱咐他两句话：“千年古树莫存身，杀人不明勿动手。”

颜回应声“记住了”，便动身往家走。路上，突然风起云涌，雷鸣电闪，眼看要下大雨。

颜回钻进路边一棵大树的空树干里，想避避雨。他猛然记起孔子“千年古树莫存身”的话，心想，师徒一场，再听他一次话吧，又从空树干中走了出来。他刚离开不远，一个炸雷，把那棵古树劈个粉碎。颜回大吃一惊：老师的第一句话应验啦！难道我还会杀人吗？

颜回赶到家，已是深夜。

他不想惊动家人，就用随身佩带的宝剑，拨开了妻子住室的门栓。

颜回到床前一摸，啊呀呀，南头睡个人，北头睡个人！他怒从心头起，举剑正要砍，想起孔子的第二句话“杀人不明勿动手”。他点灯一看，床上一头睡的是妻子，一头睡的是妹妹。

天明。颜回又返了回去，见了孔子便跪下说：“老师，您那两句话，救了我、我妻和我妹妹三个人哪！你事前怎么会知道要发生的事呢？”

孔子把颜回扶起来说：“昨天天气燥热，估计会有雷雨，因而就提醒你‘千年古树莫存身’。你又是带着气走的，身上还佩戴着宝剑，因而我告诫你‘杀人不明勿动手’。”

颜回打躬说：“老师料事如神，学生十分敬佩！”

孔子又开导颜回说：“我知道你请假回家是假的，实则以为我老糊涂了，不愿再跟我学习。你想想：我说三八二十三是对的，你输了，不过输个帽子；我若说三八二十四是对的，他输了，那可是一条命啊！你说帽子重要还是人命重要？”

颜回恍然大悟，“扑通”跪在孔子面前，说：“老师重大义而轻小是小非，学生还以为老师因年高而欠清醒呢。学生惭愧万分！”从这以后，孔子无论去哪里，颜回再没离开过他。

古人曰：“有容乃大，一如大海。”正因为海洋大度地接纳了所有的江河、小溪、川泽，才有了它最壮观的辽阔和豪迈。“天称其为高者，以无不覆；地称其为广者，以无不载；日月称其明者，以无不照；江海称其大者，以无不容。”

在日常生活中，当没有缘分的“对手”，出于内心的丑恶，在你背后说坏话、做错事时，你是想伺机报复，还是宽容？当你亲密无间的朋友，无意或有意做了令你伤心的事情时，你是想从此分手，还是宽容？冷静地想一想，还是宽容为上。这样于人于己都有好处。每个人都有自己的缺点，如果我们总是计较，那我们的朋友将会屈指可数。做到宽容，你需要牢记以下几点：

1.保持恬淡、安静的心态

我们要学会让自己保持一种恬淡、安静的心态，去做自己应该做的事情。整日为一些闲言碎语、磕磕碰碰的事情郁闷、怄火、生气，总去找人诉说，与对方辩解，甚至总想变本加厉地去报复，这将会贻误自己的事业，失去更多美好的东西。

2.站在别人的角度去看问题

宽容是最美丽的一种情感，宽容别人的人，是无私和大度的人，他们懂得站在别人的角度去看问题，把别人的感受当作自己的去感同身受，首先替别人想，容忍别人和自己不同的地方，容忍别人的缺点和过失，积极地帮助对方改正缺点和过失，慢慢地趋向完美。

3.遇事懂得忍让

出现矛盾的时候要忍让为先。退一步海阔天空，宁肯自己受一点委屈，也不要为了小事而和对方吵得面红耳赤。等对方冷静下来，一定会感到惭愧，也会被你的大度和宽容所折服。

明辨是非，坚持原则，是一个人为人处事的基本要求；但是如果不懂得变通，一味坚持己见，特别是他人犯错时不善于宽容对方，我们很容易钻进牛角尖，这种做法同样不可取。宽容之心是一个人高尚品格的表现。

错了，那就真诚说一句“对不起”

俗话说：“人非圣贤，谁能无过”，错误并不可怕，关键是一旦发现自己的言语伤害到他人的对候，千万不要厚着脸皮不肯道歉。而要勇敢地立刻承认错误，只有敢于为自己错误的言行承担责任，向他人真诚地道歉，我们才能赢得他人的信任，与之建立良好的人际关系。

战国时，赵国有个足智多谋的大夫蔺相如，还有个英勇善战的将军廉颇。有一年，秦王邀请赵王到渑池相会。酒宴上，秦王请赵王弹瑟。赵王弹了一曲。

作陪的蔺相如心想，必须为赵王争回面子，于是捧起一个瓦缸，走到秦王面前说：“大王擅长秦乐，请大王一击，以相娱乐。”在蔺相如的强逼下，秦王勉强在瓦缸上击了一下。秦国的大臣气得大叫：“请赵国割让出十五座城作为向秦王的献礼！”蔺相如也高喊：“请秦国把首都咸阳 作为向赵王的献礼！”秦国始终没能占到半点便宜。事后，赵王封蔺相如 为上大夫。

廉颇很不服气，他对人说：“我出生人死，立了许多战功，而蔺相如只凭三寸不烂之舌，就官居我之上。倘若给我遇见，我一定要当面羞辱他。”蔺相如听说以后处处忍让，上朝的日子故意装病在家，以免与廉颇引起争执。

有一天，蔺相如出门，远远看见廉颇的马车迎面驶来，他吩咐仆人把车子调转方向，避开廉颇。身边的人都说他太胆小了，蔺相如一笑，问大家：“你们看廉将军与秦王哪个厉害？”大家异口同声地说：“那当然是秦王厉害啦。”蔺相如又道：“我敢在秦国当众呵斥秦王，又怎会偏偏怕廉将军呢？只是我想到，强秦不敢侵赵，是因为有我们两个人在，我们两人要是争斗起来，敌人就要来钻空子。我不能忘掉国家的安危啊！”

这些话传到廉颇的耳朵里，廉颇很惭愧，于是光着脊背，背着荆条，到蔺相如府上请罪。

道歉，即是向对方致歉的一种礼仪。在日常生活中，因自己的言行失误而打扰、影响了别人，或者给别人造成了精神上的伤害或物质上的损失时，都应主动向对方道歉，这样才能显出你的内在涵养来。

有时候道歉并不像我们想象的那么容易，尤其是在知道自己错了以后。正因为清楚责任都在自己，所以承认错误的行动，才会让我们满心羞愧，无地自容。说一句“我错了”，真的是需要很大的勇气。

1.调整好自己的状态

如果你决定向朋友道歉，首先调节好自己的情绪，然后和你朋友联系，最好面对面地道歉。道歉时，保证你有好的情绪，用你最真诚的态度，不要听上去假心假意，推脱责任。

2.诚心诚意地道歉

沟通，增进感情，使友谊变得更为牢固。诚心诚意的道歉，要语气温和、坦诚直率、堂堂正正，而不要躲躲闪闪、羞羞答答，更不要夸大其词、奴颜婢膝，一味往自己脸上抹黑。那样，别人不仅不会接受你的道歉，甚至会觉得你很虚伪。

3.不必找客观原因

认错、道歉要真心实意，不必找客观原因做过多的辩解。就算确实有非解释不可的客观原因，也须在诚恳的道歉之后再略为解释，而不宜一开口就辩解不休。否则，这种道歉，不但不利于弥补裂痕，反而会扩大裂痕、加深隔阂。

4.巧妙选择道歉方式

如果你觉得道歉的话语一时说不出口，那么不妨想点其他办法，让上司知道你有悔过的诚意。比如托人送件小礼物，间接帮助对方解决某些困难，或者写封信、打个电话等。

孔子说：“过而不改，是谓过矣。”这是孔子对于过错的看法：一个人有过错不要紧，只要能改过就好了，如果有过错而不肯改，这就是大过，真正的过错。有些人犯了错，却不肯承认，因为他怕因此而失了面子，如果能够消除傲慢的习气，就会生出悔过自新的勇气来。

及时化解矛盾，打开彼此的心结

林沫沫性格比较倔强，她是一个永远不服输的人。在大学时期，她与同班同学梁晴玩得很不错，彼此都把对方当成了最好的朋友。

可就在大三下学期，梁晴突然身体不适，到医院诊断出来竟然是“白血病”。作为朋友的林沫沫内心感触良多，她尽可能地帮助朋友，照顾朋友，将平时通过兼职辛苦挣来的钱给朋友梁晴买营养品。梁晴看着这些东西，也是感动得说不出来话。想到自己的病情，梁晴心情忽好忽坏，有时甚至会对着林沫沫说一些莫名其妙的话。

林沫沫这个人心思比较敏感，这天梁晴莫名地说了一些话：“你不要来看我了！也不要对我这样好！我受不起！”林沫沫生气了，一气之下真的不愿搭理梁晴了。那几天，林沫沫天天都在回忆自己顶着大太阳的天气去医院看望梁晴的情景，她觉得自己做得已经够好了，但梁晴却还这样说自己，委屈之下，她竟然哭了起来，擦干了眼泪之后，林沫沫觉得自己太不值得了，不要这个朋友也罢。

就这样，两人渐行渐远，都不愿意主动找对方说话。直至大学毕业后，梁晴病发又住医院，在生病垂危的日子里，她想到了那位总是担心自己的好朋友。于是，她用颤动的手拨通了朋友的电话，用很微弱的声音说：“我知道你对我好，当时我只是情绪很差，我觉得拖累了你，所以才这样……”可话还没说完，梁晴已经永远停止了呼吸，只剩下林沫沫在电话那边无助地啜泣。

人与人在一起肯定会出矛盾，但是矛盾搁置久了，两人的关系就会变得冷漠，所以如果出现问题，那就及时打开心结吧！否则，当你在以后的日子里后悔的时候，即便你想与对方联系，恐怕也不知道如何开口了，即便开口，你们的关系还能像往常一样吗？所以说，别让自己留下遗憾，出现了矛盾和误会，请及时解决吧！

办公室里有位陈大姐，今年四十多岁，职场经验丰富，办事沉稳干练，深受大家的尊敬。小孟刚来办公室不久，是个青春靓丽的女孩子，性格开朗，热情活泼，也颇得大家的喜欢。　刚开始时，办公室里大家相互尊重，氛围很好。然而过了一段时间，问题却出现了：陈大姐与小孟之间产生了间隙。原来，小孟年轻，爱梳妆打扮，所以每天早上来到公司后，都会先在办公室的镜子前补补妆、擦擦脸。陈大姐很是看不惯这种行为，认为她是在故意卖弄自己的年轻资本，于是常对小孟说些不冷不热的话。小孟也是心高气傲，不甘心受委屈，所以每次都与陈大姐针锋相对。久而久之，两个人的关系变得越发紧张起来。老板没有办法，只好从陈大姐和小孟之间留下一个人，将另一个人“炒掉”。最终把经验和资历更胜一筹的陈大姐留了下来，而把新人小孟解雇了。

同事之间一旦有了矛盾，正面冲突不是好办法，应当及时化解矛盾方为上策，如果你是错误的一方就应当勇于承认自己的错误，不要担心承认自己的错误别人就会看不起你，其实，真正有能力的人都是勇于正视自己的错误的，这样的人也更让人尊重。

1.先懂得自我反省

应该说，只要对方不是故意与你过不去，你们之间产生矛盾，肯定双方都有责任。所以，你要先审视一下自己，看看自己是否存在不当之处。如果有，应尽早改之，并找到症结所在，向对方解释清楚；如果没有，也不要怪罪对方，而应该想办法和谐地把问题处理掉。

2.及时求助“中间人”

如果可能的话，不妨以向你透露信息或是双方都能接受的人为“中间人”，通过他们代为传话，以化解矛盾，把自己的想法和事实告知对方，起到澄清事实真相、消除误会、沟通了解的作用。

3.及时沟通，朋友没有隔夜仇

正视朋友间的矛盾，并及时化解矛盾。朋友间出了问题，一定要采取主动的态度，及时地进行沟通，取得彼此的理解，这样才不会造成彼此的误解，不会造成朋友关系的破裂。很多话，说开了就没事了，不断的积累只会造成长久的怨恨。

在工作中遇到人际问题时，在最佳时间段适时地伸出你友好的双手，或者哪怕是一个善意宽容的眼神都会让对方体会到你的理解和宽容，如果问题是出在自己身上，就要主动向对方道歉。说到底，为自己赢得一个愉悦的工作空间是每一个人的愿望。

参考文献

[1] 鸿图.说话心理学（教你如何说漂亮话）[M].北京：海潮出版社，2013.

[2] 成杰.话语攻心术：把话说到对方的心坎里[M].北京：中国华侨出版社，2012.

[3] 邹静.每天一堂心理分析课[M].北京：人民邮电出版社，2013.

[4] 鸿图.做人要稳做事要狠[M].北京：北京理工大学出版社，2012.

[5] 杨敬.做人做事不能不懂的心理学:墨菲定律[M].成都：成都时代出版社，2016.